Boxen

Vom Anfänger bis zum Profi

Sebastian Tlatlik

Frank Rose

Katja Wörmer

2. Auflage

© 2017 Katja Wörmer

Autoren:
Sebastian Tlatlik
Frank Rose
Katja Wörmer

Alle Rechte vorbehalten.

Dieses Werk ist urheberrechtlich geschützt. Dadurch begründete Rechte, insbesondere der Übersetzung, des Nachdrucks, des Vortrags, der Entnahme von Abbildungen und Tabellen, der Funksendung, der Mikroverfilmung oder Vervielfältigung auf anderen Wegen und Speicherung in Datenverarbeitungsanlagen, bleiben, auch bei nur auszugsweiser Verwertung, vorbehalten. Vervielfältigungen des Werkes oder von Teilen des Werkes sind auch im Einzelfall nur in den Grenzen der gesetzlich zulässigen Bestimmungen des Urheberrechtsgesetzes in der jeweils geltenden Fassung zulässig. Sie sind grundsätzlich vergütungspflichtig.

Herstellung und Verlag:
BoD – Books on Demand, Norderstedt

ISBN 9783743188822

Bibliografische Information der Deutschen Nationalbibliothek:
Die Deutsche Nationalbibliothek verzeichnet diese Publikation in der Deutschen Nationalbibliografie; detaillierte bibliografische Daten sind im Internet über www.dnb.de abrufbar.

Inhaltsangabe

Vorwort von Patrick Korte

1. Kapitel: Einleitung
2. Kapitel: Geschichte
3. Kapitel: Material
4. Kapitel: Technik
5. Kapitel: Training
6. Kapitel: Sandsack
7. Kapitel: Vorbereitung und Verhalten im ersten Wettkampf
8. Kapitel: Amateur- und Profiboxen und deren Zukunft
9. Kapitel: Verletzungen und Vorsorge
10. Kapitel: Rechtliche Rahmenbedingungen

Vorwort

von Patrick Korte

Frank und Sebastian haben mich darum gebeten, ein Vorwort für ihr Buch zu schreiben. Dem komme ich hiermit gerne nach.

Meine eigene Boxkarriere begann bereits im Alter von 15 Jahren. Damals habe ich angefangen zu trainieren, nachdem ich 1997 den Boxkampf zwischen Mike Tyson und Francois Botha im Fernsehen gesehen habe.

Bis dahin hatte ich diverse Kampfsportarten ausgeübt, wie beispielsweise Judo oder Taekwondo. Aber als ich diesen Boxkampf im Fernsehen sah, da war für mich klar: ich will unbedingt das Boxen ausprobieren. In dem Essener Fitnessstudio, in welchem ich zu der Zeit Mitglied war, wurde unter anderem ein Kurs Fitness-Boxen angeboten. Also belegte ich zunächst diesen Kurs. Aber dort konnte man natürlich nicht an richtigen Boxkämpfen teilnehmen. Also meldete ich mich schließlich im Boxverein Essen Vogelheim an, wo ich das Amateur-Boxen richtig „von der Picke auf" lernte.

Rückblickend muss ich sagen, vielleicht war mein Werdegang auch schon länger vorgezeichnet. Denn bereits im Alter von 13 Jahren schenkten mir meine Eltern eine Hantelbank zu Weihnachten. Was sollte ich vor diesem Hintergrund noch anderes werden als Boxer?!

Im Jahr 2000 trat ich in den Boxverein ein und hatte im gleichen Jahr auch direkt meinen ersten Amateur Boxkampf. Im Jahr 2002 war ich Deutscher Vizemeister bei den Amateuren.

Nachdem ich dann bis 2002 aktiv geboxt hatte, legte ich zunächst eine lange Pause ein. Erst im August 2013 habe ich wieder mit dem Boxen angefangen und direkt in dem Jahr im Dezember auch meinen letzten Amateurkampf bestritten.

Ich hatte bis dahin von insgesamt 10 Kämpfen 7 Kämpfe gewonnen, den letzten im Jahr 2013 natürlich auch. Mein Trainer war durchgängig Franz Stahlschmidt, der auch heute noch oft als Gast bei meinen Profikämpfen anwesend ist.

Die lange Pause zwischendurch habe ich im nachhinein etwas bereut, denn obwohl ich während der gesamten Zeit hauptsächlich Bodybuilding und andere Kraftsportarten ausgeübt habe, bin ich im Herzen doch immer Boxer geblieben! Sogar nachts im Schlaf träumte ich weiterhin vom Boxen in der Zeit!

Als ich 2013 endlich wieder mit dem Boxen anfing, wusste ich sofort, dass ich unbedingt Profi werden wollte, wenn ich weitermachen würde. Denn bei den Amateuren gab es einfach keine realistischen Möglichkeiten, vernünftige Kämpfe zu erhalten und gefördert zu werden. Ich sah daher dort keine wirkliche Perspektive mehr für mich auf Weiterentwicklung.

Also nahm ich Kontakt zu Sebastian Tlatlik von Boxing Industry auf, den ich noch aus Zeiten des Amateurboxens kannte und von dem ich wusste, dass er auch erfolgreich Profis trainiert und unter Vertrag hat. Ich bin einfach auf ihn zugegangen und habe ihn gefragt, ob er mein Trainer und Manager werden wollte. Sebastian sah offensichtlich wirkliches Talent in mir, denn er checkte meine Fähigkeiten und sagte schließlich „Ja!". Frank Rose kam als Co-Trainer und vor allem medizinischer Betreuer mit ins Team. Was dann folgte, war eine reine Erfolgsstory ... bis heute!

Letztes Jahr habe ich im Vorprogramm zum großen Klitschko Event in Düsseldorf geboxt. Und gerade erst habe ich einen weiteren Profikampf erfolgreich durch Technisches KO gewonnen.

Am Boxen begeistert mich insbesondere das umfangreiche Trainingsspektrum, welches die Bereiche Kondition, Koordination sowie Kraft umfasst und diese miteinander verbindet.

Ich kann Boxen als Sportart nur jedem empfehlen, der sich sportlich aktivieren möchte, und zwar völlig egal welchen Alters und auch egal ob als Wettkampfsport oder einfach nur mit dem Ziel, die persönliche Fitness zu steigern.

Besonders empfehle ich es vor allem Kindern und Jugendlichen, um Disziplin zu erlernen!

Ich selbst trainiere Kinder aus sozialschwachen Schichten im Boxtraining, um diesen Disziplin, aber auch Koordinationsvermögen und mehr Sensibilität für ihr eigenes Körpergefühl zu vermitteln.

Ich wünsche Euch als Lesern daher viel Spaß bei der Lektüre und danach erst recht in der Praxis beim Trainieren!

Euer Patrick

Im April 2017

1. Kapitel

Einleitung

„Man kann Dir den Weg weisen,
gehen musst Du ihn selbst!"

- Bruce Lee -

Boxen ist „In" und schon lange nicht mehr der Sport der Unterschicht oder von sozialen Randgruppen.

Mehr denn je drängen sich alle Altersgruppen in die Box-Gyms der Nation mit den unterschiedlichsten Zielen.

Wollen die einen eine Profilaufbahn beginnen, so kommen andere, um einfach fit zu bleiben. Auch die Intensivität des Trainings variiert stark nach Motivation und Zielsetzung des Einzelnen. So bedeutet Boxtraining nicht automatisch das „Austeilen" und „Kassieren" von harten Schlägen, es kann auch einfach als reines Fitnessboxen ausgeübt werden.

Eins ist jedenfalls sicher: Boxen ist eine anspruchsvolle Sportart, die in letzter Zeit auch immer beliebter bei Frauen wird.

In diesem Buch versuchen wir, das Wichtigste über das Boxen zusammenzufassen und in ansprechender Art und Weise weiterzugeben.

Und nun ...

Ring frei!

„Lasst Euch therapieren!"

... um es mit Sebastians Worten zu sagen ;-)

Unser ganz besonderer Dank für die Bereitstellung der Fotos für die Trainings- und Technikstrecke geht zudem an Uwe Tersek aus Essen!

2. Kapitel

Geschichte

„Politik ist weitaus brutaler als Boxen."

- George Formann -

Ab wann es erste Aufzeichnungen über das Stattfinden von Boxkämpfen gibt, wird in der Literatur nicht ganz einheitlich beantwortet. Fanden laut einiger Quellen die ersten Kämpfe bereits vor über 7.000 Jahren statt, nachgewiesen anhand von Wandzeichnungen in einem sumerischen Tempel, so sprechen andere davon, dass zumindest im alten Ägypten um 3.000 vor Christus das Boxen bzw. sogenannte Faustkämpfe bereits als Sportart zur Unterhaltung bekannt waren. Auch bei den Griechen war der Boxkampf bekannt und so wurde er bei den 23. Olympischen Spielen das erste Mal als offizielle Olympische Disziplin ausgetragen laut alter Aufzeichnungen. Zudem wird von Homer in der Ilias, „Der trojanische Krieg", ein Faustkampf beschrieben.

Im antiken Rom wurde der Faustkampf schließlich im Rahmen der Gladiatorenkämpfe als Kampf um „Leben und Tod" ausgetragen. Damals noch unter Verwendung von Lederriemen mit darauf angebrachten Metalldornen, welche handschuhähnlich um die Hand gewickelt wurden, dem sogenannten Caestus, wobei auch ein Ohrenschutz schon bekannt war, wie aus diversen Abbildungen aus der Zeit ersichtlich ist.

Ebenfalls war im alten China, Indien, Korea oder Russland sowie in Amerika und Afrika unter den Ureinwohnern der Faustkampf schon bekannt, wie Belege aus der damaligen Zeit erkennen lassen. Allerdings hatte dieser Faustkampf mit dem heutigen Boxen relativ wenig gemeinsam, so gab es z.b. damals kaum Regeln bei seiner Austragung.

Im Mittelalter wurde das Boxen schließlich als eine Unterkategorie des sogenannten „Freiringens" in Fechtschulen gelehrt. So soll sich das „moderne Boxen" letztlich im England des 17. Jahrhunderts unter dem Fechtlehrer James Figg entwickelt haben. Nach Aufzeichnungen aus damaligen Zeitungen fanden im Jahre 1680 denn auch die ersten offiziellen Boxmeisterschaften dort statt.

Der Engländer Jack Brougthon, welcher auch als Erfinder des Boxhandschuhs gilt, stellte im Jahr 1740 schließlich ein Regelwerk für den Boxkampf zusammen. Aber erst in der zweiten Hälfte des 19. Jahrhunderts sollte sich eine etwas humanere Kampfweise entwickeln. Ab diesem Zeitpunkt verbreitete sich das Boxen auch in Amerika stark und dort wurden eigene Boxregeln aufgestellt, welche zum Teil bis heute dort Gültigkeit haben. Bei den ersten Olympischen Spielen, welche den Boxkampf in dieser Form als Disziplin anboten, nahmen im Jahre 1904 lediglich Amerikaner teil.

In Deutschland bestand außer in den Hansestädten interessanterweise bis 1918 ein polizeiliches Boxverbot. Die ersten Kämpfe zu dieser Zeit fanden daher in Hinterzimmern von Kneipen statt. Erst nach dem 1. Weltkrieg wurde das Boxen hier von deutschen Soldaten, welche aus ihrer Kriegsgefangenschaft aus England zurückkehrten und dieses dort erlernt hatten, populär gemacht. Nach Aufhebung des Boxverbotes im Jahre 1920 konnte dann auch der erste offizielle deutsche Boxverein gegründet werden. Es folgten die ersten deutschen Meisterschaften sowie Vergleichskämpfe mit zahlreichen ausländischen Boxern, was den Sport letztlich auch hier beliebt machte. 1930 schließlich wurde Max Schmeling Weltmeister im Schwergewicht und 1936 errang Deutschland bei der in Berlin stattfinden Olympiade die bisher größten Erfolge mit je zwei Gold- und Silbermedaillen sowie einer Bronzemedaille in dieser Disziplin.

Was den deutschen Boxsport angeht, dürfte jedem auch weniger Interessierten zudem der Name des Berliner Boxidols Gustav „Bubi" Scholz oder Graciano Rocchigiani etwas sagen, sowie in der näheren Vergangenheit der von Henry Maske, dem sogenannten „Gentleman" des Boxsport.

3. Kapitel

Material

„Meine Frau buht mich aus, wenn wir Sex haben. Sie weiß, dass mich das anmacht!"

- Hector Camacho -

Wer boxen will, der braucht im Gegensatz zu anderen Sportarten kein großes Startkapital. Daher ist der Boxsport in allen Gesellschaftsschichten vertreten. Ob Banker, Bauarbeiter oder Straßenjunge. Sie alle haben die Möglichkeit, ohne irgendwelche große Investitionen den Boxsport zu betreiben.

Die wichtigsten Utensilien für den Anfänger sind zunächst einmal Bandagen. Sie sind für den Schutz der Handgelenke und der Kapseln (Schlagfläche) verantwortlich. Die Bandagen sind in 2,50 m - 4,50 m Länge erhältlich. Es gibt sie in elastischer, halb elastischer und in nicht elastischer Form. Es gibt unzählige Möglichkeiten, Bandagen zu wickeln, wichtig dabei ist vor allem, dass das Handgelenk sowie die Kapseln um die Schlagfläche gut geschützt sind. Dabei sollte man den Daumen ebenfalls gut wickeln, da es in diesem Bereich des Öfteren zu Verletzungen kommt.

Die folgenden beiden Abbildungen zeigen eine fertig bandagierte Hand, jeweils Handrücken und Innenfläche.

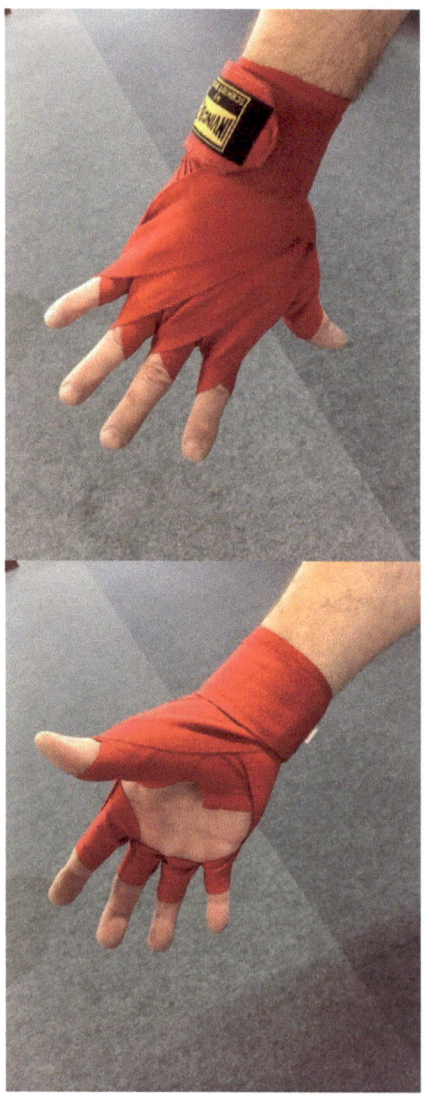

In diesem Beispiel wird zunächst die Aufmerksamkeit auf das Handgelenk und den Daumen gelegt. Preislich sind Bandagen schon ab 5 € erhältlich.

Die meisten Clubs und Vereine stellen Ihren Teilnehmern, vor allem am Anfang ihrer sportlichen Karriere Trainings-Boxhandschuhe zur Verfügung. Daher braucht man anfangs gar nicht unnötig investieren!

Wenn man sich mit der Zeit eigene Boxhandschuhe zulegen möchte, sollte man neben der Qualität auch auf die Unzen-Anzahl achten. Bei einer Unze handelt es sich um eine Gewichtseinheit. 1 Unze sind = 28,35 g. Als Trainingshandschuhe eignen sich am besten Boxhandschuhe zwischen 12 - 16 Oz. Dabei sind die 12 Oz für Frauen, Kinder sowie für Athleten aus den leichten Gewichtsklassen zu empfehlen. 14 Oz sind für den Durchschnittsnormalo (65-85kg) zu empfehlen. Alles was darüber kommt, gehört zu den schweren Jungs, diese sollten auf 16 Oz zurückgreifen. Die schwersten Trainingshandschuhe betragen 20 Oz und werden meist von Schwergewichten mit Wettkampfpotenzial getragen.

Im Wettkampf selber sind die Boxhandschuhe bei den Amateuren nur 10 Oz schwer, egal um welche Gewichtsklasse es sich handelt! Bei den Profis ist es sogar aufgeteilt: bis einschließlich Weltergewicht (< 66,67 kg) benutzt man 8 Oz Boxhandschuhe, alle die darüber sind, müssen mit 10 Oz Boxhandschuhen kämpfen.

Ein weiterer Unterschied zwischen den Amateuren und den Profis ist, dass die Boxhandschuhe der Amateure mit Klettverschluss verschlossen werden, während bei den Profis die Boxhandschuhe geschnürt und anschließend mit Tape zugeklebt werden.

Aus eigener Erfahrung empfehle ich Boxhandschuhe aus Leder. Diese kosten ein Drittel mehr als

Boxhandschuhe aus Kunstleder, halten dafür jedoch doppelt so lange.

In der Regel bekommt man vernünftige Leder Boxhandschuhe schon ab 60 €.

Das Sprungseil ist ein weiterer wichtiger Bestandteil einer guten Boxausrüstung. Meistens werden auch diese in Clubs und Vereinen gestellt, es ist jedoch sinnvoller sein eigenes Sprungseil zu haben. Allein wegen der Größeneinstellung ist es Grund genug ein eigenes zu besitzen. Die richtige Größe wird folgendermaßen ermittelt: Man nimmt zunächst das Seil in beide Hände. Anschließend stellt man sich mit beiden Füßen hüftbreit auf die Mitte des Seils. Wenn man nun die Arme samt Seil nach außen hebt, so sollte das Sprungseil in Hüfthöhe sein. Ist es darüber oder darunter, so ist das Sprungseil zu hoch bzw. zu niedrig für den Trainierenden eingestellt. Das Sprungseil ist schon ab 10 € erhältlich.

Auch das Schuhwerk ist im Boxsport nicht unbedeutend. Der Unterschied zu dem üblichen Sportschuh ist hauptsächlich der, dass die Boxschuhe über den Knöchel hinausgehen mit dem Ziel, das Umknicken zu verhindern. Ansonsten ist das geringe Gewicht der Boxschuhe auffallend. Die günstigsten Modelle sind schon ab 40 € erhältlich.

Für die Wettkampforientierten ist natürlich der Mundschutz ein absolutes Muss.

Schon bei den Partnerübungen ist dieser zu empfehlen. Das Anpassen des Mundschutzes gelingt sehr einfach und schnell. Dabei reicht für den Anfang ein "billig-Mundschutz" vollkommen aus. Das Anpassen funktioniert wie folgt: zunächst einmal bereitet man sich zwei kleine Schüsseln vor. Eine davon wird mit kaltem Wasser befühlt, die andere bleibt zunächst leer.

Zeitgleich lässt man einen halben Liter Wasser kochen, bevorzugt mit einem Wasserkocher. Anschließend wird die leere Schüssel mit dem kochenden Wasser befühlt. Nun haben wir zwei Schüsseln, eine mit kochendem und eine mit kaltem Wasser. Wir packen nun den Mundschutz aus der Verpackung, bewaffnen uns mit einer Gabel und lassen vorsichtig den Mundschutz in das kochende Wasser hinein fallen und halten mit der Gabel den Mundschutz unter Wasser, damit er nicht an die Oberfläche schwimmt.

Jetzt sind zwei Sachen entscheidend:

1: Darauf zu achten, dass die beiden Enden des Mundschutzes sich nicht berühren bzw. verkleben. Aus diesem Grund seid ihr ja mit der Gabel bewaffnet worden!

2: Nicht länger als 30 sec den Mundschutz unter das kochende Wasser halten!

Ist die halbe Minute herum, so ziehen wir den Mundschutz aus dem kochenden Wasser raus und stecken in sofort in den Mund hinein. Empfehlenswert ist es, den Mundschutz in den Oberkiefer zu setzen! Nach weiteren 30 sec des Zusammendrückens des oberen und unteren Kiefers ist der Mundschutz so gut wie fertig. Der letzte Schritt ist nun das Auswaschen des Mundschutzes in der Schüssel mit dem kalten Wasser.

Nur als kleiner Tipp für diejenigen, die Hemmungen haben, den Mundschutz aus dem kochend heißen Wasser in den Mund zu nehmen. Der Mundschutz besteht aus Kunststoff, dieser leitet die Wärme, sobald er aus dem Wasser geholt wird, nicht weiter! So merkt man zwar einen warmen Gegenstand im Mund, man verbrennt sich aber nicht.

Diese einfachen Mundschützer sind schon ab ca. 5 € erhältlich. Wer sich einmal was richtig Gutes gönnen möchte, für den gibt es mittlerweile absolute Spezialisten auf diesem Gebiet. Meistens kommen diese aus der Zahnmedizin oder aus der Zahntechnik selbst. Hierbei werden wie beim Zahnarzt Abdrücke vom Kiefer genommen und individuell vermessen. Der Mundschutz, der dabei herauskommt sitzt dann wie angegossen und man verspürt einen noch besseren Schutz. Zudem kann man den Mundschutz individuell kreativ farblich designen. Wer so einen professionellen Mundschutz haben möchte, muss jedoch mindestens 150 € investieren. Der Nachteil ist jedoch, sollte sich im Zahnbereich etwas verändern, z.B neue Krone, Brücke oder Implantat, so kann man den Mundschutz nicht mehr benutzen, weil er einfach nicht mehr passen wird! Das gilt natürlich für den "billig-Mundschutz" auch. Daher sollte man möglichst vorher Ordnung in seinen Zahnbereich bringen, bevor man in einen „Hightech Mundschutz" investiert.

Ein weiterer wichtiger Bestandteil, vor allem für den Wettkampfambitionierten, ist der Kopfschutz. Ohne diesen darf und sollte nicht geboxt werden! Dies gilt natürlich nur für das Training.

Im Wettkampf wird sowohl bei den Amateuren als auch bei den Profis ohne Kopfschutz geboxt. Im Jugendbereich dagegen wird weiterhin mit Kopfbedeckung geboxt.

Es gibt mittlerweile unterschiedliche Kopfschützer mit diversen Zusatzfunktionen.

Der Klassiker ist in Abbildung 1 zu sehen.

- Abbildung 1 -

Hierbei geht es vor allem um den Schutz der Ohren sowie um die Kopfoberfläche.

Das Upgrade hierzu ist der Kopfschutz mit dem zusätzlichen Schutz des Jochbeins, wobei hier die Augenhöhlen auch mehr geschützt werden, wie in der Abbildung 2 zu erkennen ist.

- Abbildung 2 -

Zudem gibt es noch eine Ausführung des Kopfschutzes mit einem Bügel, quer über der Nase, siehe Abbildung 3. Dieser ist vor allem für Trainierende gedacht, die keinen Schlag auf die Nase bekommen möchten oder für die, die schon zu viel auf die Nase bekommen haben ;-). Hierbei werden die Schläge tatsächlich gedämpft, so dass kaum Druck auf die Nase ausgelöst wird.

Voraussetzung ist jedoch, dass der Kopfschutz individuell eingestellt ist! Nur dann ist der Schutz garantiert. Der Nachteil bei diesem Kopfschutz ist jedoch, dass durch den Nasenbügel die Sicht nach unten eingeschränkt ist. Im Moment des Abtauchens sieht man seinen Gegner nicht! Das ist schon ziemlich gefährlich und vor allem im Leistungssport nicht zu empfehlen.

- Abbildung 3 -

Die absolute Resistenz vor Verletzungen bietet der Kopfschutz mit dem Gitter, Abbildung 4. Hier ist alles geschützt! Es sprechen jedoch mehr Nachteile als Vorteile für ihn. Er ist deutlich größer und schwerer als seine Vorgänger, dadurch ist es einfacher getroffen zu werden. Ein weiterer Nachteil ist, dass sich in so einem Kopfschutz eine unheimliche Hitze ausbreitet, was sehr unangenehm für den Athleten ist. Außerdem denkt man durch das Gitter, das man in Gefangenschaft ist ;-)

Empfehlenswert ist dieser daher nur für Boxer, die ein Handicap auskurieren und trotzdem Sparring machen wollen oder für diejenigen, die absolut keinen Kratzer abbekommen wollen.

- Abbildung 4 -

4. Kapitel

Technik

„Ich sagte, ich bin der Größte, ich sagte nicht, ich bin der Cleverste!"

- Muhammed Ali, nachdem er beim IQ Test der US Army durchgefallen war -

Grundstellung

Die Grundstellung ist das Fundament eines jeden Boxers. Das Zusammenspiel der unteren und der oberen Extremitäten ist dabei von größter Bedeutung. Das Erlernen dieser Basis ist maßgebend für alle weiterführenden Techniken.

Die optimalste Form, diese Grundlage zu erlernen, ist eine individuelle Betreuung, sprich eins zu eins, zwischen dem Trainer und dem Anfänger. In den meisten Fällen wird die Grundstellung in Gruppen erlernt. Hierbei ist oft von Nachteil, dass sich sehr früh Fehler einschleusen können, die nur sehr schwer in der Zukunft wieder abzuarbeiten sind. Ein Trainer kann in einer Gruppe nicht allen Trainierenden seine hundertprozentige Aufmerksamkeit zukommen lassen.

Der Stand

Als erstes ist es wichtig herauszufinden, ob der Nichtfachmann Links- oder Rechtsausleger ist. (Dabei spielt die politische Richtung keine Rolle) ;-) In der Regel sind Rechtshänder Linksausleger und Linkshänder Rechtsausleger. Und da die meisten Menschen Rechtshänder sind, spricht man daher überwiegend beim Linksausleger vom sogenannten Normalausleger.

- Linksausleger (Normalausleger)

Gerade hinstellen, schulterbreit, Fußspitzen zeigen nach vorne, beide Füße wandern nebeneinander zusammen, rechten Fuß nun um 90 Grad nach rechts drehen, dann die Hacke anheben so dass man nur noch mit dem vorderen Fußballen Kontakt zum Boden hat, anschließend den Fußballen um 90 Grad nach rechts drehen und den Fuß ablegen.

Beide Fußspitzen zeigen nun nach vorne, die Füße sind schulterbreit auseinander, der linke Fuß ist nun um eine Fußlänge vor dem rechten Fuß.

Diese Grundstellung hat folgenden Sinn: Durch den kleinen Ausfallschritt steht der „Nichtfachmann" jetzt viel stabiler an seinem Standort. Wird der Neuling nun geschlagen oder zu Übungszwecken geschubst, so hat er die Möglichkeit mit seinem hinteren Bein (in dem Fall das rechte Bein), dem Widerstand stand zu halten, indem er sich mit dem rechten Fuß gegen den Boden abstützt. Anderseits kann er aus dieser Position viel effektiver und zugleich vielseitiger agieren, weil das Zusammenspiel in dieser Position zwischen dem linken und dem rechten Bein vielmehr Stabilität bewirkt, als bei jemandem mit einer Parallelfußstellung.

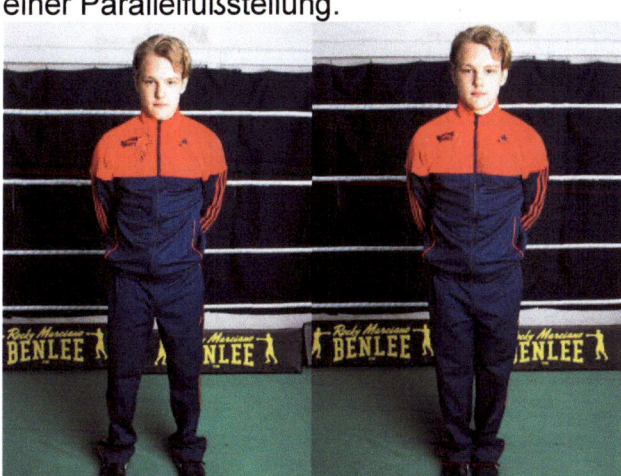

1.   2.

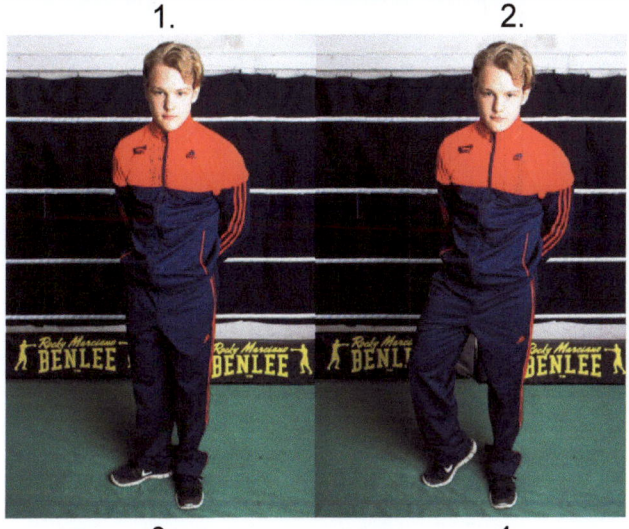

3.   4.

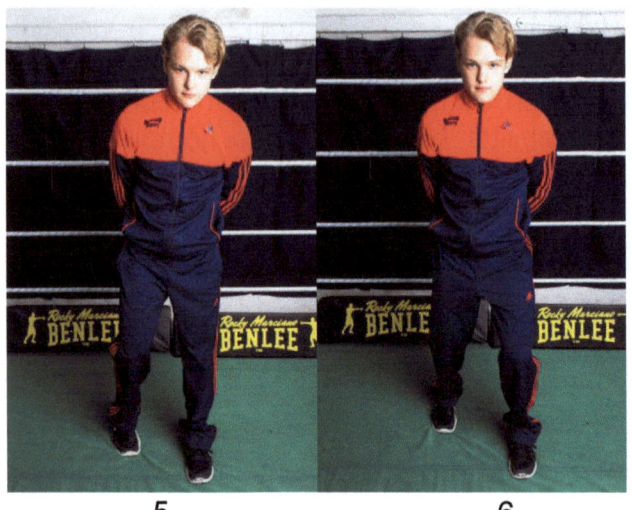

5. 6.

- **Rechtsausleger**

Genau andersherum.

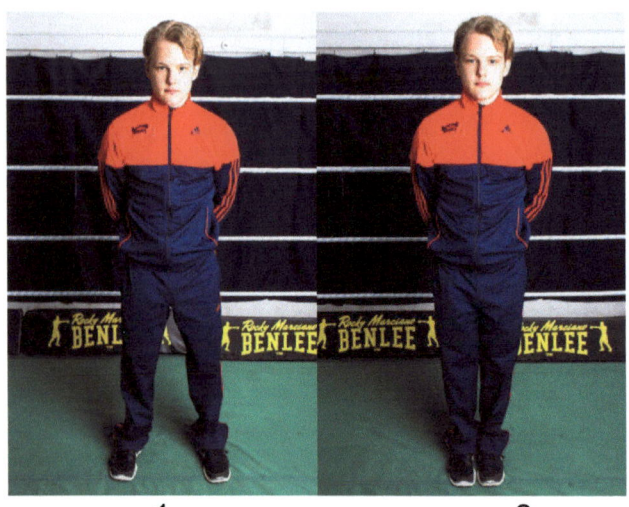

1. 2.

3. 4.

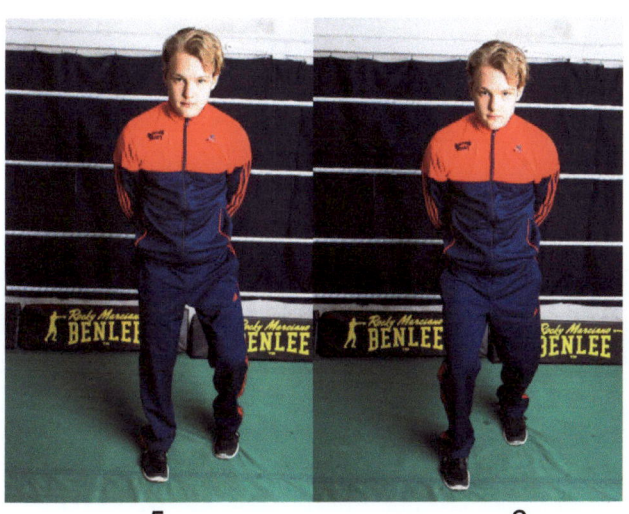

5. 6.

Bewegung der unteren Extremitäten in der Grundstellung

Die Koordination im Boxsport ist eine der wichtigsten Eigenschaften. Dabei ist das Zusammenspiel der Beine ein ganz wichtiger Bestandteil. Denn nur wenn die Beine gemeinsam harmonieren ist man in der Lage, zu boxen.

Beim Normalausleger (Linksausleger) gibt das linke Bein immer den Ton an, wenn der Kämpfer eine Vorwärtsbewegung machen will. Bei jedem Vorwärtsschritt mit dem linken Bein wird das rechte Bein nachgezogen. Dabei ist es wichtig, nur soviel mit dem rechten Bein nachzuziehen, wie es das linke Bein vorgemacht hat.

Macht man jedoch mit dem rechten Bein einen größeren Schritt nach vorne, als das linke Bein es vorgemacht hat, so steht man mit beiden Füßen parallel nebeneinander in einer instabilen und daher zugleich gefährlichen Situation. Um diese Bewegung nun zu verinnerlichen bzw. zu automatisieren, ist es für den Neuling wichtig, zunächst nur diesen einen Bewegungsablauf stets zu wiederholen. Dabei ist zu beachten, dass man zunächst nur in der Vorwärtsbewegung übt. Man geht also den Raum auf und ab. Weiterhin ist darauf zu achten, dass beide Fußspitzen während der Vorwärtsbewegung nach vorne ausgerichtet sind. Außerdem sind beide Knie in einer leichten Beugung. (Beachtet man die letzten beiden Punkte nicht, sieht die Übung eher aus wie eine Vorbereitung für ein Casting als einbeiniger Pirat ;-))

Nachdem der Neuling nun abermals den Raum auf und ab gegangen ist und nun langsam Sicherheit in dem Bewegungsablauf findet, geht man zum nächsten Stepp über der Rückwärtsbewegung. Diese funktioniert im Grunde auf die gleiche Weise mit dem Unterschied, dass bei der Rückwärtsbewegung der erste Schritt mit dem rechten Bein erfolgt, und das linke Bein anschließend mit einem Schritt nachgezogen wird.

Unter dem gleichen Schema funktioniert auch die Rechts- bzw. Links - Bewegung.

Entscheidet sich der Neuling nach links zu laufen, so muss er zunächst aus der Grundstellung einen Schritt nach links machen. Anschließend muss man einen Schritt mit dem rechten Bein nachziehen, das exakt den gleichen Abstand hat.

Würde man bei einer Links - Bewegung einen größeren Schritt mit dem rechten Bein zum Nachziehen tätigen, wären die Füße quasi übereinander, so als ob man Balancieren wollte. Dadurch hätte man keine Stabilität mehr und stünde zudem in einer suboptimalen Position.

Beim Rechtsausleger ist der Bewegungsablauf andersherum.

Zusammengefasst bedeutet dies folgendes: Egal in welche Richtung wir uns als Boxer bewegen wollen, wichtig ist zu beachten, dass wir immer mit dem Bein den ersten Schritt machen, das am nächsten in die Richtung ausgelegt ist, d.h. für einen Normalausleger: Vorwärts mit linkem Bein beginnen, Rückwärts mit rechtem Bein beginnen, die Bewegung nach links mit dem linken Bein beginnen und die Bewegung nach rechts mit dem rechten Bein beginnen. Egal welche Bewegung wir aus dieser Grundstellung heraus ausführen, wichtig ist, dass die Fußspitzen immer in die Zielrichtung zeigen und dass wir locker in den Knien stehen, um eine bessere Bewegungsmöglichkeit zu gewährleisten. Für die Rechtsausleger unter uns findet der Bewegungsablauf genau andersherum statt.

Bewegung der oberen Extremitäten in der Grundstellung

Die Boxstellung sollte einem Hausbau gleichen. Denn erst wenn das Fundament steht, was in unserem Fall der Bewegungsablauf der Beine ist, kann mit dem Rohbau begonnen werden, was in diesem Fall das Verhalten des Oberkörpers darstellt (siehe Deckung und Schlagschule).

Bei einem Normalausleger ist der linke Arm die Führhand und der rechte Arm die Schlaghand. Wie der Name schon sagt, ist die Führhand diejenige, die den Kampf führt. In der Regel bestimmt ein Normalausleger mit seiner Führhand etwa zwei Drittel des Kampfes.

DECKUNG

Zunächst einmal sollten wir bestimmen, in welcher Position die Arme liegen sollen. Der rechte Arm (beim Normalausleger die Schlaghand) wird komplett angewinkelt und die rechte Hand, die zu einer Faust geballt wird, wandert zum Kinn. Idealerweise sollten die Fingerglieder des Ringfingers und des kleinen Fingers, den mittleren Teil des Kinns berühren. Zudem sollten der Mittelfinger sowie der Zeigefinger in der geballten Faust seitlich am Kinn liegen. Der Handrücken zeigt dabei nach Außen. Der Kontakt zwischen der Faust und dem Kinn ist einer der wichtigsten Merkmale einer guten Deckung. Bleibt der Kontakt aus und man hält die Faust nur in der Nähe des Kinns, wäre dies so, als ob man keine Deckung hätte. Denn bei einem Schlag auf den Handschuh könnte es passieren, dass man sich mit seiner eigenen Faust selber KO schlägt!

Egal was wir als Boxer tun, die Rechte bleibt immer am Kinn.

Der linke Arm (beim Normalausleger die sogenannte „Führhand") ist ebenfalls angewinkelt, aber mit dem Unterschied, dass sie höher platziert ist als die Schlaghand, und die Faust an der Schläfe ihre Position einnimmt, d.h. die Fingerglieder kontaktieren die Schläfe so, dass der Handrücken auch hier nach Außen zeigt.

Sowohl bei dem rechten als auch bei dem linken Arm zeigen beide Ellenbogen in der Deckung gerade nach unten.

1.   2.

Es gibt viele Formen von Deckungsverhalten und man kann jetzt nicht sagen, dass die hier oben genannte Deckungsvariante, die „non plus Ultra" - Formel für den besten Schutz eh und je ist. Aber es ist meiner Meinung nach für den Neuling die Sicherste und die zugleich plausibelste Deckungshaltung.

SCHLAGSCHULE

Das Schlagen erfordert ein koordinatives Zusammenspiel der unteren und der oberen Extremitäten. Anders ausgedrückt bedeutet dies, dass ein Boxer beim Schlagen auch parallel die Beine mit bewegen muss, sonst sieht es aus, als ob er seinen Schlägen hinterher laufen würde. Oder im umgekehrten Fall seinen Beinen. Deswegen sollte man im Vorhinein einige Grundübungen erlernen wie den Passgang und den Diagonalgang. Die Auslage (Rechts- oder Normalausleger) spielt bei dieser Übung keine Rolle.

Nun zur Übung: beim Passgang läuft unser Neuling mit dem linken Bein nach vorne und schlägt dabei gleichzeitig seinen linken Arm gerade nach vorne. Ist dieser Schritt mit dem Schlag ausgeführt, macht der „Nichtfachmann" als nächsten einen Schritt mit dem rechten Bein und schlägt dabei mit dem rechten Arm geradeaus nach vorne. Dann beginnt das Spiel von vorn.

Beim Diagonalgang dagegen läuft das ganze umgekehrt. Sobald unser Schützling den Schritt mit dem linken Bein nach vorne macht, schlägt er auch gleichzeitig seinen rechten Arm gerade aus nach vorne. Dann wird mit dem rechten Bein ein Schritt nach vorne getätigt und gleichzeitig mit dem linken Arm nach vorne geschlagen. Wer das beherrscht, kann das ganze auch rückwärts versuchen. Das steigert die Koordination um ein Vielfaches. Mir sagte mal ein Trainer alter Schule, dass ein guter Boxer diese Übung können muss, selbst wenn er dafür mitten in der Nacht geweckt wird ... und das sowohl vorwärts als auch rückwärts!

Das bedeutet für Euch, dass das Aufstehen in der Nacht und der Gang zur Toilette ab sofort einen ganz anderen Stellenwert bekommt! Im Passgang zur Toilette und im Diagonalgang zurück ins Bett ;-)

1. Die erste Schlagtechnik, die man lernt ist das Schlagen mit der Führhand.

Beim Normalausleger ist das der linke und beim Rechtsausleger der rechte Arm.

1.   2.

3.

Der Begriff „Gleichzeitig" ist in der Schlagschule das entscheidende Mittel zum Zweck. Um nun die erste Schlagtechnik zu erlernen, muss z.B. beim Normalausleger die Führhand geradeaus nach vorne geschlagen und gleichzeitig ein Vorwärtsschritt mit dem linken Bein gemacht werden. Im Anschluss daran wandert die Führhand unseres Nichtfachmanns wieder zurück zur Deckung. Gleichzeitig wird das rechte Bein in der Vorwärtsbewegung nachgezogen. Dieser Bewegungsablauf wird stets wiederholt und zwar solange bis die Übung sitzt!

2. Die zweite Schlagtechnik ist das Erlernen der Schlaghand (beim Normalausleger die Rechte). Hierbei muss der Nichtfachmann, wie schon bei unserer koordinativen Übung am Anfang gleichzeitig einen Vorwärtsbewegung mit dem linken Bein machen und zugleich den rechten Arm nach vorne schlagen.

Wichtig ist es, bei dieser Diagonalübung zu beachten, dass sich beim Ausführen der Schlaghand, die Hüfte sowie die rechte Fußspitze mit nach vorne dreht. Denn der Schlag kommt nicht aus dem Oberkörper! Vielmehr ist dies ein Zusammenschluss, ja geradezu eine Bewegungsabfolge des gesamten Oberkörpers, bei dem die Schlaghand das ausführende Körperteil ist. Nur so ist dieser Schlag am effektivsten. Anschließend wandert die Schlaghand zurück in die Ausgangsposition am Kinn. Gleichzeitig wird das rechte Bein in der Vorwärtsbewegung wie schon beim Schlagen mit der Führhand nachgezogen.
Weitere Schlagtechniken wie der Cross und der Aufwärts- oder Seitwärtshaken werden erst später erlernt. Diese Schlagtechniken sind dann für das fortgeschrittene Publikum bestimmt.

SCHLAGKOMBINATIONEN

1. Die erste Schlagkombination ähnelt der ersten Schlagtechnik, mit dem Unterschied dass hierbei die Führhand zweimal geschlagen wird. Wichtig ist hier zu beachten, dass bei dem zweifachen Schlagen mit der Führhand auch zwei Schritte mit dem linken Bein (Normalausleger) sowie das Nachziehen des rechten Beins vollzogen werden müssen, um dem optimalen Bewegungsablauf der unteren und oberen Extremitäten gerecht zu werden. Ein häufiger Anfängerfehler ist, wenn der Nichtfach-

mann während des Schlagens der Führhände, seine Deckung mit der Schlaghand vernachlässigt, indem die Rechte nicht mehr am Kinn ist!

1. Schlagkombination:

1.   2.

3.

2. Bei der zweiten Schlagkombination werden die Führhand und die Schlaghand in genau dieser Rheinfolge kombiniert. Die passende Beinarbeit haben wir bereits in unserer ersten Schlagtechnik erübt mit dem einzigen Unterschied, dass wir nach dem Schlagen des linken Armes und dem dazugehörigen Schritt mit dem linken Bein, beim Nachziehen des rechten Beines nun gleichzeitig die Schlaghand (beim Normalausleger die Rechte) mit nach vorne schlagen.

Zusammengefasst bedeutet dies folgendes: Linker Schlag gleichzeitig mit linkem Schritt und rechter Schlag gleichzeitig mit rechtem Schritt.

2. Schlagkombination:

1.   2.

3. Die dritte Schlagkombination basiert auf der ersten Schlagkombination.
Beispiel für Normalausleger:

Die Abfolge der Arme ist ganz einfach: links, links, rechts. Die Abfolge der Beine spiegelt die Beinarbeit der 2. Schlagtechnik wieder, die wir erlernt haben, sprich links (Schlag), rechts (Nachziehen), links (Schlag), rechts (Schlag).

3. Schlagkombination:

1.   2.

3. 4.

4. Bei der vierten Schlagkombination handelt es sich um die Dreier-Kombination: links, rechts, links (am Beispiel eines Normalauslegers). Bei den Beinen verfahren wir im gleichen Stil: beim Schlagen mit der Führhand machen wir synchron einen Schritt mit links nach vorne. Beim darauffolgenden Schlag mit der Schlaghand erfolgt zeitgleich ein Schritt mit rechts, und beim anschließenden Schlag abermals mit der Führhand machen wir zur gleichen Zeit erneut einen Schritt mit links nach vorne.

4. Schlagkombination:

1.   2.

3.

5. Die fünfte Schlagkombination ähnelt der vorherigen Übung mit dem Unterschied, dass die Schlaghand gleich zweimal zum Einsatz kommt (am Beispiel eines Normalauslegers).

Die Abfolge der Arme ist wie folgt: rechts, links, rechts. Der Ablauf der Beine ist dagegen genau umgekehrt. Das bedeutet für uns, dass wir diese Schlagtechnik im Diagonalgang ausführen müssen. Beim Schlagen mit unserer Rechten (Schlaghand), erfolgt zeitgleich eine Vorwärtsbewegung mit dem linken Bein. Anschließend folgt der Schlag mit der Linken (Führhand) und synchron das Nachziehen des rechten Beines. Zu guter Letzt schlagen wir noch einmal die Rechte und gehen parallel mit dem linken Bein nach vorne. Durch das Zusammenspiel der Beine und der Arme sind alle Schläge, egal ob links oder rechts, durch die Vorwärtsbewegung hart!

5. Schlagkombination:

1. 2.

3.

6. Bei der sechsten Schlagkombination verbinden wir zum ersten Mal eine kurze Schlagserie zum Körper und Kopf. Die Abfolge der Arme ist dieselbe wie bei der 4. Schlagtechnik mit dem Unterschied, dass wir beim Schlagen der Rechten (Schlaghand beim Normalausleger) den Oberkörper senken und für einen kurzen Moment in die Hocke/Kniebeuge gehen, jedoch ohne unsere Grundstellung der Beine zu verlassen. Die ganze Kombination läuft wie folgt ab: Beim Schlagen mit der Linken, gehen wir wie mittlerweile üblich mit dem linken Bein nach vorne. Beim schlagen der Rechten wandern wir mit unserem Oberkörper nach unten. Zeitgleich ziehen wir das rechte Bein nach. Der Schlag mit der Rechten erfolgt zum selben Zeitpunkt, in welchem wir mit unserem rechten Fuß den Boden berührt haben. Im Optimalfall ist der Oberkörper dann gesenkt und wir sind für einen kurzen Augenblick in so einem genannten Ausfallschritt, ohne die Grundstellung der Beine zu vernachlässigen und ohne dass wir mit den Knien den Boden berühren. Anschließend schlagen wir wieder die Linke und richten zur gleichen Zeit den Oberkörper wieder auf. Dabei gehen wir wieder mit dem linken Bein nach vorne. Und achten außerdem darauf, dass die Deckung geschlossen bleibt.

6. Schlagkombination:

1. 2.

3.

VERFEINERUNG DER TECHNIK

Die Verfeinerung der einzelnen Schlagtechniken und der Kombinationen bedarf der erhöhten Aufmerksamkeit des Trainers. Dies ist quasi nur gewährleistet, wenn die Gruppengröße bei einigen wenigen Teilnehmern verbleibt, besser noch wenn man dem Einzelnen die komplette Aufmerksamkeit schenkt. In allen Sportarten ist die Grundstellung, die man erlernt, besonders wichtig und mit entscheidend für den weiteren Verlauf!

Denn darauf basiert letztendlich alles. Durch sogenannte Anfangsfehler können viele Bewegungsabläufe in der Zukunft oft nur schlecht oder dann gar nicht optimal ausgeführt werden. Oft ist das Training als Beginner oder Anfänger nicht besonders aufregend, weil es sehr monoton und unkreativ verläuft. Die Kunst ist es, diese unspektakuläre Phase ideenreich zu gestalten, z.B. kann man einige dieser Übungen oder Schlagtechniken spielerisch aufziehen. Es ist bei weitem motivierender, eine Übung auf bestimmte Kommandos hin auszuführen oder auch die o.g. Übungen miteinander zu koppeln, als sie alle einfach nacheinander in der immer gleichen Reihenfolge im Raum auf und ab zu laufen.

Der nächste Schritt, um seine Technik weiter auszubauen bzw. zu verfeinern, ist sodann das Pratzentraining mit dem Trainer sowie auch als Partnerübungen.

Dies lässt folgende Schlussfolgerung zu:

„Jeder gute Boxer kann zwar tanzen,
aber nicht jeder gute Tänzer kann boxen!"

- Sebastian Tlatlik beim Techniktraining -

5. Kapitel

Training

„Ich habe es mal mit Training versucht!"

- Ralf Rocchigiani zur Begründung
- seines WM Sieges -

Es gibt unterschiedliche Formen, ein Training aufzubauen. Der sinnvollste Aufbau eines Trainingsplans ist zunächst einmal, ein Ziel zu haben. Sei es die Vorbereitung auf einen Wettkampf oder die Verbesserung der Kraftausdauer etc.

Danach lässt es sich am effektivsten trainieren. Die Auflistung aller Trainingspläne ist nicht ohne weiteres möglich, da ein guter Trainingsplan auf den Boxer individuell konzipiert werden muss und dies zudem den Rahmen des vorliegenden Buchs sprengen würde. Wir werden das Thema daher vorliegend angepasst auf das Gruppentraining verallgemeinern.

Zu allererst muss sich der Trainer vergewissern, wie heterogen die zu trainierende Gruppe ist. Am einfachsten zu trainieren ist natürlich eine Gruppe, deren Teilnehmer auf etwa gleichem Level sind! Bei

Gruppen mit unterschiedlichem Leistungsstand ist es schwierig, allen Mitgliedern der Gruppe gerecht zu werden. Daher bieten gute Vereine/Clubs zumindest Kurse für Anfänger und Fortgeschrittene an. Dies erleichtert das Training sowohl für den Trainierenden als auch für den Coach.

Bei Neulingen zum Beispiel sollte das Hauptaugenmerk des Trainings ganz klar auf dem Erlernen der Grundstellung und der Schlagschule liegen. Zudem sollte man den Neuling ordentlich mit Grundfitness und Kraftausdauer versorgen, damit er schon mal für spätere Zeiten gerüstet ist. Kondition und Fitness ist ein wesentlicher Bestandteil eines guten Boxers. Mein alter Trainer (Herbert Auth) sagte immer:

"Kondition schlägt Klasse!"

Mit diesem Sprichwort hat er allemal Recht. Aus eigener Erfahrung als aktiver Boxer habe ich es sehr oft erlebt, dass letztendlich die Kondition eines Boxers über Sieg und Niederlage entschieden hat! Daher bin ich ein großer Befürworter eines harten Grundlagen- und Kraftausdauertrainings vom ersten Tag an. Der Vorteil dieser Trainingsart ist, dass hierbei richtig ausgesiebt wird, d.h. durch die hohe Trainingsintensität werden alle „Flaschen" aussortiert und es bleiben nur die Willensstarken über, die den sprichwörtlichen „Schweinehund" überwunden haben.

Ganz egal wie der Leistungsstand eines Boxers ist, ob Profi oder Neuling, die Trainingseinheit beginnt immer mit der Aufwärmphase.

In dem folgenden Kapitel werden Euch einige Trainingsmethoden wie Pratzentraining, Gerätearbeit, Partnerübungen usw. vorgestellt.

Doch zunächst einmal bitte aufwärmen....

Aufwärmen

Das Aufwärmen ist ein wichtiger Bestandteil für ein gutes Training. Das Ziel sollte zum einen sein, den Körper aufzuwärmen (genauer gesagt um 1 Grad Celsius!!!), und zum anderen Verletzungen vorzubeugen, sowie den Körper auf weitere, noch komplexere Bewegungsabläufe vorzubereiten.

Ich bin der Meinung, dass die Aufwärmphase immer den gleichen Ablauf haben sollte, d.h. von den Bewegungsabläufen über den Rhythmus bis hin zum gleichen Umfang und zur Intensität.

Dieses Prinzip empfehle ich grundsätzlich für jede Sportart.

Beim Boxen ist das Seilchen springen ein idealer Start. Zum einen wird hier die Koordination geschult und zum anderen die Belastung in den Muskeln und Sehnen gefördert, jedoch nicht überfordert, da der Sportler eine monotone zyklische Bewegung durchführt, sprich einen gleichmäßigen Bewegungsablauf hat.

Diese Startphase sollte in etwa 10 min andauern. Bei stark überwichtigen Personen, sollte man aufgrund von Überforderung der Gelenke die Zeit verkürzen, notfalls diese Übung weglassen. Im Anschluss sollte eine allgemeine Aufwärmphase beginnen, bei der als Schwerpunkt die Erwärmung der Schultern im Mittelpunkt steht.

1. Übung: Auf der Stelle laufen (unterstützt die Koordination). Der Oberkörper ist aufrecht und gerade. Einen Arm nach vorne kreisen. Dieser ist gestreckt und bleibt während der gesamten Übung in dieser Position. Nach etwa 10 Kreisbewegung wird nun mit demselben Arm die Richtung geändert und nach hinten gekreist. Die Anzahl der Kreisbewegungen bleibt dieselbe. Im Anschluss erfolgt dieselbe Übung mit dem anderen Arm.

2. Übung: Das Prinzip ist dasselbe wie in der Übung zuvor, mit dem Unterschied dass nun beide Arme gleichzeitig nach vorne gekreist werden. Hierbei ist jedoch zu beachten, dass die gestreckten Arme sich vor dem Oberkörper überkreuzen. Im Anschluss erfolgt das gleiche andersherum wobei auch hier die Arme sich vorne überkreuzen. Durch das Überkreuzen der Arme vor dem Oberkörper wird ein anderer Anteil der Schulter mehr beansprucht, als bei der Übung zuvor.

3. Übung: Typen mit längeren Haaren kommen bei dieser Übung besonders auf ihre Kosten! Zunächst ist zu erwähnen, dass wir weiterhin auf der Stelle laufen. In einer stylischen Bewegung führt ihr abwechselnd die Handflächen knapp über den Kopf so, als würdet ihr Euch die Haare nach hinten kämmen. Versucht hierbei über den kompletten Kopf zu wandern bis hin zum Nacken.

Dadurch erweitert ihr die Bewegungsamplitude um ein Vielfaches und kommt dem primären Ziel dieser Übung, nämlich dem speziellen Erwärmen der Schultern, ein großes Stück näher. Nach etwa 10 Wiederholungen mit jeder Hand wechselt ihr die Richtung. Dabei wird der Kopf ein wenig nach vorne geneigt. Jetzt sieht die Übung aus, als würdet ihr Euch die Haare nach vorne kämmen.

Neben der Erwärmung der Schultern, habt ihr so die Möglichkeit, Euch besonders schick für Euren Trainer machen ;-)

4. Übung: Auch bei dieser Übung wird weiterhin auf der Stelle gelaufen und der Oberkörper ist weiterhin gerade. Nun kreisen wir beide Schultern gleichzeitig nach hinten. Nach 10 Wiederholungen erfolgt ein Richtungswechsel und die Schultern werden nun nach vorne gekreist.

5. Übung: Wie bei den Übungen zuvor ist der Oberkörper gerade und wir laufen auf der Stelle weiter. Nun strecken wir die Arme seitlich in Schulterhöhe. Die Handflächen zeigen dabei nach vorne. Durch kleine Wippbewegungen führen wir die gestreckten Arme nach hinten. Dieses Wippen sollte nicht länger als 10 sec andauern, da sich Muskeln sonst verkrampfen bzw. verspannen können.

6. Übung: Gleicher Bewegungsablauf wie bei der Übung zuvor mit dem Unterschied, dass die Arme diagonal durch kleine Wippbewegungen abwechselnd nach hinten geführt werden.

7. Übung: Als nächstes fangen wir an, auf der Stelle zu springen. Dabei drehen wir die Hüfte abwechselnd zu beiden Seiten. Nach 10 Wiederholungen zu jeder Seite wechseln wir, ohne dabei stehen zu bleiben, zur nächsten Übung über.

8. Übung: Nun springen wir mit beiden Füßen von links nach rechts und wiederholen diesen Vorgang zu jeder Seite 10-mal. Der Oberkörper ist dabei gerade und die Arme liegen am Körper an.

9. Übung: Anschließend springen wir mit beiden Füßen nach vorne und nach hinten und wiederholen auch diesen Vorgang je 10-mal. Auch hier ist der Oberkörper gerade und die Arme sind am Körper. Ohne stehen zu bleiben, gehen wir direkt in einem reibungslosen Übergang zur nächsten Übung.

10. Übung: Hierbei ist der Oberkörper gerade und wir öffnen seitlich die Beine und schließen sie auch wieder. Beim Schließen der Beine berühren sich beide Füße ganz leicht. Nach zehnmaligem Öffnen und Schließen wechseln wir, ohne Stehen zu bleiben, zur nächsten Übung.

11. Übung: Der Ausfallschritt. Bei dieser Übung wechseln die Beine ihre Position von vorne, nach hinten und zurück, d.h. ein Bein ist immer vorne und ein Bein immer hinten. Das Ganze sollte einem flüssigen Bewegungsablauf gleichen. Auch hier bleibt der Oberkörper gerade. Nach 10 Wiederholungen jedes Beines in der vorderen und hinteren Position, wird zur nächsten Übung gewechselt ohne stehen zu bleiben.

12. Übung: Der Trainierende hat nun die Aufgabe, abwechselnd die Knie gerade zum aufrechten Oberkörper anzuheben. Nach 10 Wiederholungen mit jedem Knie, erfolgt der Wechsel zur nächsten Übung ohne stehen zu bleiben.

13. Übung: In dieser Übung werden die Fersen abwechselnd zum Po angezogen.

Hierbei bekommt ihr die einmalige Chance, Euch selber in der Allerwertesten zu treten ;-)

Auch bei dieser Übung bleibt der Oberkörper aufrecht.

14. Übung: Der altberüchtigte Hampelmann ist die nächste Übung. Die meisten von Euch haben diese Übung wahrscheinlich seit der Schulzeit nicht mehr gemacht, umso lustiger wird es, wenn Ihr Euch dabei im Spiegel beobachten könnt ;-) Denn bei dieser Übung ist das Zusammenspiel der unteren und oberen Extremitäten um ein Vielfaches anspruchsvoller als bei den Übungen zuvor.

Lange Rede kurzer Sinn, die Beine wie bei Übung Nr. 10 öffnen und dabei wandern die gestreckten

Arme seitlich gerade über dem Kopf nach oben und zurück.

Hierbei sind die Füße zusammen und die Arme seitlich am Körper. Nach 10 Hampelmännern wechseln wir in einem reibungslosen Übergang zum nächsten Manöver über.

Hier noch ein kleiner Tipp: Eine zusätzliche Steigerung könnte das Überkreuzen der Arme und/oder der Beine sein. Hierdurch wird die Koordination besonders gefördert!

15. Übung: Der "Skilanglauf" ist unsere nächste Hürde. Wie bei Übung Nr. 11, nur kombiniert mit den Armen. Im Klartext bedeutet dies, wie schon bei dem Passgang, wird das linke Bein und der linke Arm gleichzeitig nach vorne befördert. Parallel wandert das rechte Bein samt dem rechten Arm nach hinten.

Der Oberkörper ist gerade, jedoch leicht nach vorne verlagert. Die Arme sind während der gesamten Übung stets durchgestreckt. Im Optimalfall zeigt der Daumen des gehobenen Armes nach oben, das entlastet zum einen die Bizeps-Sehne und zum anderen gibt es dem Trainer eine aufschlussreiche Information, das es dem Teilnehmer gut geht ;-) Da dieser Prozess dem Bewegungsablauf eines Skilangläufers ähnelt, bekam diese Übung dessen Namen. Nach 10 Wiederholungen mit jedem Arm und Bein erfolgt die nächste Übung.

16. Übung: Ab hier kann unser Nichtprofi das Springen beenden und sich nun der boxspezifischen Aufwärmung unterziehen.

Zunächst wird auf der Stelle gelaufen und die Knie werden nach vorne angezogen. Zeitgleich werden gerade Schläge nach vorne gestoßen. Diese sollten allemal vom Kinn erfolgen und immer das gleiche Ziel treffen. Zudem sollte unser Nichtprofi beim Schlagen die Ellenbogen in Richtung Boden halten, sprich nach unten. Wird dies nicht beachtet, wirkt unser Nichtfachmann vom Deckungsverhalten des Körpers her sehr offen. Mein alter Trainer (Herbert Auth) würde in solch einem Fall sagen:

"Du bist offen wie ein Scheunentor!"

Nach insgesamt 50 Schlägen seid Ihr dann bereit für die nächste Übung.

17. Übung: Bei der nächsten Übung bleibt die Bewegung der unteren Extremitäten wie bei der Übung zuvor gleich. Mit den Armen/Händen werden nun Aufwärtshaken abwechselnd geschlagen, bei welchen auch immer der gleiche Punkt getroffen werden sollte, sowohl mit Links als auch mit Rechts. (Hierbei solltet Ihr Eure Euphorie ein wenig bremsen und die Übung langsam und sachte durchführen! Erfahrungsgemäß hat sich schon der ein oder andere selber einen knackigen Aufwärtshaken verpasst ;-))

Nach 10 Aufwärtshaken je Arm gehen wir zur nächsten Übung über.

18. Übung: Das Überkreuzschlagen. Als erstes ist zu erwähnen, dass wir auf der Stelle stehen bleiben. Die Füße sind schulterbreit auseinander. Die Fußspitzen zeigen nach vorne. Die Knie sind leicht eingebeugt. Der Oberkörper ist gerade und die Hände sind beide am Kinn. Nun drehen wir uns mit dem Oberkörper zur rechten Seite, dabei dreht sich unser linker Fuß, besser gesagt der vordere Fußballen davon, ebenfalls um 90 Grad nach rechts. In der gleichen Zeit schlagen wir eine Linke gerade vom Kinn. Durch diesen beschriebenen Bewegungsablauf erfolgt der Schlag nun überkreuz. Nachdem dieser Ablauf ausgeführt wurde wandern dieselben Elemente auf die andere Seite. Bevor wir jedoch die Rechte gerade schlagen können, muss das linke Handgelenk zunächst wieder am Kinn seinen Platz eingenommen haben. Erst dann wird die Rechte, gemeinsam mit der Oberkörperbewegung sowie dem Fußballen, bewegt bzw. geschlagen. Nach 10 Wiederholungen mit jedem Arm wechseln wir zur nächsten Übung.

1. 2.

3. 4.

19. Übung: In der folgenden Bewegungsabfolge schlägt unser Nichtprofi abwechselnd gerade Schläge nach vorne. Dabei wird der Oberkörper samt der unteren Extremitäten von Links nach Rechts verlagert. Es wird jedoch immer der gleiche Punkt getroffen, ganz egal, ob wir uns mit unserem Körperschwerpunkt links oder rechts befinden. Die Füße liegen parallel zueinander. Bei der Verlagerung des Körpers nach rechts steht unser Semi-Profi auf seiner linken Fußspitze und schlägt dabei gleichzeitig eine linke Gerade vom Kinn. Bei der Verlagerung des Körpers nach links steht unser Anfänger auf seiner rechten Fußspitze und schlägt eine rechte Gerade vom Kinn. Nach 10 Wiederholungen mit jedem Arm wechseln wir zur nächsten Fähigkeit.

1.   2.

3.

20. Übung: Bei dieser Übung gleicht der Bewegungsablauf der Übung zuvor mit dem Unterschied, dass nun Aufwärtshaken geschlagen werden. Auch hier ist zu betonen, dass immer der gleiche Punkt getroffen wird. Nach 10 Aufwärtshaken, jeweils mit jedem Arm ist der boxspezifische Part und damit auch die gesamte Aufwärmphase beendet.

1.   2.

3.

Boxtraining

Nachdem wir die Aufwärmphase erfolgreich absolviert haben, beginnen wir nun mit dem eigentlichen Training. Da wir noch einigermaßen fit sein sollten, fangen wir mit dem Schattenboxen an. Drei Runden á 3 Minuten stehen uns dabei bevor. Alle Teilnehmer bewaffnen sich hierbei mit je 2 x 1 kg Hanteln, und fangen auf Kommando des Trainers mit dem Schattenboxen an. Wichtig ist, dass alle Teilnehmer die gesamte Runde über, aus der geschlossenen erlernten Boxstellung schlagen und sich dabei bewegen.

In der Rundenpause entscheidet der Trainer, ob die Teilnehmer sich eine Pause verdient haben oder ob eine aktive Entspannung stattfindet, z.B. die gesamte Pause über (1 min) Liegestützen, Kniebeugen oder Sit-Ups gemacht werden.

1. Trainingsmethode: Pratzentraining

Die Pratzen sind eins der wichtigsten Hilfsmittel eines Boxtrainers. Dabei handelt es sich um ein Schlagpolster, das meistens eine ovale Form hat und ein wenig einer Tierpfote ähnelt. Beim Boxhandschuh ist die Fläche auf dem Handrücken besonders gepolstert. Beim Pratzen dagegen wird der Bereich um die Handinnenfläche stark gepolstert, um bei den Übungen die Schläge zu dämmen.

(Außerdem eigenen sich Pratzen hervorragend für Backpfeifen bzw. Ohrfeigen, da sie eine größere Fläche als eine normale Hand bieten :-))

1.

2.

3.

Damit der Neuling ein Gefühl für Distanz und Schlagintensität entwickeln kann, ist es besonders wichtig, die ersten Pratzen-Einheiten mit einem Trainer durchzuführen. Erst wenn unser Nichtfachmann ein wenig Routine in den o.g. Schlagtechniken bekommt und die Übungen flüssig verlaufen, die Deckung sitzt und vor allem das Zusammenspiel der Beine und Arme funktioniert, ist als nächster Schritt die Partnerübung angedacht.

(Aber bis dahin sollte unser NOCH talentfreier Schützling sich intensiv mit dem Pratzentraining auseinandersetzen und von seinem Meister lernen. :-))

2. Trainingsmethode: Partnerübung mit Pratzen

Die Partnerübung ist eine weitere Methode die o.g. Übungen weiter zu verinnerlichen bzw. zu automatisieren. Für den Neuling ist es idealerweise besser, mit einem fortgeschrittenen Teilnehmer die Partnerübungen durchzuführen, als mit einem Anfänger. Der Partner sollte vor allem am Anfang mindestens das gleiche Leistungsniveau erfüllen wie unser Nichtfachmann!

Wenn die Übungen nach einigen Trainingseinheiten sitzen und man den Status des Nichtfachmanns abgelegt hat, und in den Status „Halbprofi" gewechselt ist, können die Partnerübung auch mit Anfängern als Partner durchgeführt werden. In dieser Konstellation wird man selber zum Fachmann.

Die ersten Partnerübungen, die erlernt werden sollten, sind die o.g. Übungen der Schlagschule sowie die der Schlagkombinationen.

Generell ist es bei Partnerübungen wichtig, dass die Distanz beider Partner eingehalten wird. Derjenige, der die Schläge ausführt, darf nicht zu nah am Pratzenhalter dran sein und umgekehrt darf derjenige der die Pratzen hält, nicht zu weit weg von dem Schlagenden sein. Es muss immer eine ausgewogene Distanz zwischen beiden Partner sein. Trotzdem hat derjenige, der die Pratzen trägt, die Führung! Denn er gibt schließlich an, welche Kombinationen wann und wie geschlagen werden sollen.

Einen guten Pratzenhalter machen zehn Dinge aus:

1. Die beiden Pratzen sind immer eng beisammen.

2. Anweisungen erfolgen im richtigen Moment.

3. Kombinationen werden kommunikativ schnell und vor allem verständlich vermittelt.

4. Er muss die Distanz gut einschätzen können, damit der Boxer nicht durchschlägt (Verletzungsgefahr im Ellenbogengelenk).

5. Kreativ sein und zugleich motivierend wirken.

6. Bei den entgegenkommenden Schlägen sollte der Halter mit seiner Pratze leicht entgegen wirken, so dass der Boxer einen Widerstand merkt und gleichzeitig der Druck im Ellenbogengelenk gedämpft wird.

7. Dem Boxer Fehler aufzeigen und sie korrigieren.

8. Strategien sowie taktisches Verhalten mit einbauen.

9. Schlagtechniken sowie Schlagkombinationen wiederholen, um diese zu automatisieren.

10. Schöne Pratzen haben ;-)

3. Trainingsmethode:

Partnerübungen mit Boxhandschuhen

Diese Form der Partnerübung setzt ein wenig Routine voraus. Das Zusammenspiel der unteren und der oberen Extremitäten sollte genauso funktionieren wie die o.g. Schlagtechniken und Schlagkombinationen. Da beide Partner nun Boxhandschuhe tragen und somit die Pratzen raus sind, ist auch das Verletzungsrisiko größer. Deswegen sollten bei dieser Übung beide Partner einen Mundschutz tragen.

Um aber eines klar zu stellen, Partnerübungen mit Boxhandschuhen sind noch kein Sparring!!!

Das bedeutet im Klartext, alle Schlagabfolgen werden nur angedeutet bzw. mit ganz leichtem Körperkontakt durchgeführt. Hier ist vor allem Vorsicht und Zurückhaltung ein großes Thema.

Für einen Außenstehenden sollte die Partnerübung mit Boxhandschuhen wirken wie ein Trainingskampf in Zeitlupe!

Diese Trainingsmethode ist enorm wichtig, um sich boxerisch weiterzuentwickeln.

Denn hierbei wird das richtige „Timing" trainiert und gefördert, was letztendlich eine wichtige Eigenschaft in der Kunst des Boxens ist. Denn das Ausweichen bzw. Schlagen im "richtigen Moment" ist das A und O im gesamten Kampfsportbereich.

Dieses Zeitlupen-Boxen eignet sich idealerweise für das Erlernen des Timings, weil der Partner kaum einem Verletzungsrisiko ausgesetzt ist und ihm zudem die Schlagabfolge des Partners bekannt ist!

Die Übungsabfolge sollte dieselbe sein, wie in der Schlagschule/ Schlagkombinationen aufgeführt ist.

1: Schlagschule

2: Schlagschule

1: Schlagkombination

1.

2.

3.

2: Schlagkombination

1.

2.

3.

3: Schlagkombination

1.

2.

3.

4.

4: Schlagkombination

1.

2.

3.

5: Schlagkombination

1.

2.

3.

6: Schlagkombination

1.

2.

3.

4. Trainingsmethode: Sandsack & Co.

Der Sandsack bzw. Boxsack ist ein wichtiges Element beim Boxtraining.

Neben dem riesigen Vorteil, dass der Sandsack nicht zurückschlägt, hat er zudem noch gute Nehmerqualitäten ;-)

Ob Kraftausdauer, Schnelligkeit, Schlagabfolgen, Schulung der Schlagtechniken, Schlagkraft etc. ... man kann fast alles daran trainieren! Wichtig ist nur zu wissen, wie :-)

Für unseren Neuling ist es wichtig, sich ziemlich früh mit dem Sandsack vertraut zu machen. Neben den Schlagtechniken werden am Sandsack auch Distanz und teils die Deckung gefördert. Hierfür ist jedoch ein geschultes Auge des Trainers nötig.

5. Trainingsmethode: kleine Geräte

Alle kleinen Trainingsgeräte beim Namen zu nennen würde gewiss den Rahmen sprengen.

Daher zählen wir hier mal die Gängigsten auf:

- Der Medizinball ist ein sehr vielseitiges Spielzeug im Boxtraining. Er ist sowohl im Einzel- als auch im Gruppentraining einsatzbar. Ob gegenseitiges Zuwerfen, als Kraftausdauer-Gerät oder gegen das Wandpolster werfen. Es gibt unzählige Übungen.

- Die Hanteln spielen im Boxsport meistens vor allem in der Aufwärmphase eine große Rolle. In der Regel spricht man von Hanteln im Bereich der 1 kg und 2 kg. Ideal einsatzbar beim Schattenboxen. Vor allem für Anfänger ist es eine Qual, 3 Minuten lang die Arme samt Hanteln in der Boxstellung oben zu halten. Aber auch andere Übungen mit den Hanteln können Spaß machen!

Mein persönlicher Tipp: beide Arme auf Schulterhöhe zur Seite ausstrecken und dabei die Hanteln zwischen 3 und 5 Minuten in den Händen halten.

Anhand dieser Vorgehensweise beim Training werdet Ihr mit der Zeit merken, wie kreativ ein Trainer sein kann!

6. Trainingsmethode: Sparring (Wettkampftraining)

Diese Trainingsmethode ist ausschließlich für Fortgeschrittene und bedarf einiger Trainingserfahrung. Hierbei ist es unheimlich wichtig, dass das Sparring immer von einem Trainer mit begleitet wird. Zum einen um im Notfall, z. B bei einem KO, sofortige Hilfestellung zu leisten und zum anderen, um Fehler zu erkennen und gleichzeitig Tipps zu geben.

Ein Trainer hat zudem immer darauf zu achten, dass beide Athleten die Sicherheitsmaßnahmen einhalten, dazu zählen: Mundschutz, Hand-Bandagen, Kopfschutz, wettkampftaugliche Boxhandschuhe sowie ein Tiefschutz. Außerdem ist es wichtig, seinen Athleten zu vermitteln, dass Fair-Play ein wichtiger Bestandteil ist.

Da jedes Sparring abhängig vom Leistungsstand des Gegners sowie des eigenen Trainingszustandes ist entscheidet der Trainer individuell, in was für einem Umfang und mit welcher Intensität das Wettkampftraining durchgeführt wird.

6. Kapitel

Sandsack (Boxsack)

„Eine Gewohnheit kann man nicht aus dem Fenster werfen. Man muss sie die Treppe hinunter boxen. Stufe für Stufe!"

- Mark Twain -

Wie schon im vorherigen Kapitel kurz erwähnt, ist der Sandsack ein wichtiger Bestandteil eines Boxtrainings und dabei kaum wegzudenken.

Den Sandsack bzw. Boxsack gibt es in unterschiedlichen Formen. Jede davon erfüllt einen bestimmten Zweck. Anbei einige Beispiele mit spezieller Zielsetzung:

1. Ein leichter Boxsack wird meist beim Technik Training eingesetzt, da die Priorität hierbei ganz klar auf die Abfolge der Schlagübung ausgelegt wird und nicht auf die Intensität (Schlagkraft). Außerdem werden leichte Boxsäcke gerne beim Kindertraining benutzt.

2. Ein schwerer Boxsack hingegen wird bei Übungen benutzt, die eine hohe Schlagintensität benöti-

gen. Der Vorteil bei so einem Gerät ist, dass er sich trotz harter Einwirkungen relativ wenig bewegt, was dem Boxer ermöglicht, rasch nach einer Schlagabfolge eine weitere durchzuführen.

3. Ein Uppercutsandsack sieht ein wenig aus wie ein Trichter. Er ist unterhalb schmal und geht oberhalb in die Breite über. Ziel und Zweck dieses Gerätes ist es, Körpertreffer (Leber und Milz) besser zu platzieren bzw. zu trainieren. Nimmt man einen Boxer der in Deckung steht, gleicht diese Position optisch einem Uppercutsandsack! Denn durch die Deckung des Kopfes mit seinen Armen wirkt der Boxer oberhalb breiter als unterhalb.

Dadurch kann der Trainierende Schlagabfolgen zum Körper realer durchführen. Zudem lassen sich Schlagkombinationen zum Körper und Kopf besser trainieren.

4. Die Maisbirne ist im Vergleich zum Sandsack relativ klein. Wie der Name schon verrät, hat sie die Form einer Birne und ist höchstens halb so groß wie ein Boxsack, meistens kleiner. Ursprünglich wurde die Maisbirne mit trockenen Mais befühlt, daher trägt sie den Namen.

Die Maisbirne eignet sich hervorragend zum Üben von Haken und Aufwärtshaken sowie zum besseren Distanzgefühl.

5. Neben dem Sandsack gibt es noch weitere boxspezifische Gerätschaften wie z.B. Wandpolster, Doppelendball.

5.1. Das Wandpolster bewegt sich im Gegensatz zum Sandsack kein Stück da es, wie der Name schon verrät, mit der Wand verbunden ist. Hieran lassen sich Schlagserien gut trainieren sowie die Schlagkraft.

5.2. Der Doppelendball dient der Reaktionsschnelligkeit und der Koordination.

Er hat eine Boden- sowie Deckenbefestigung. Die jeweiligen Gummiseile vom Boden und zur Decke sind stramm. Das Ziel ist es nun, den Doppelendball mit so einer Intensität zu schlagen, dass ein Takt entsteht bei dem die Folgeschläge im gleichen Rhythmus den Doppelendball taktieren bzw. bearbeiten. Die Kunst ist es, diesen Zeitraum möglichst lang zu halten.

Der Sandsack lässt sich zu unterschiedlichen Trainingszwecken nutzen. Anbei führe ich einige Trainingsmethoden mit ihrem jeweiligen Ziel auf:

1: Die Schnelligkeits-Serien werden oft zu Beginn des Trainings durchgeführt.

Zum einen da der Boxer zu diesem Zeitpunkt noch relativ fit ist und zum anderen kann man so die effektivsten Resultate erzielen.

Dabei steht der Boxer frontal vor dem Sandsack, die Füße sind hüftbreit auseinander und stehen Parallel zueinander. Die Fäuste sind am Kinn und die Ellbogen am Körper. Auf Kommando des Trainers feuert der Schützling nun abwechselnd die Linke und die Rechte gerade gegen den Sandsack und das in maximaler Geschwindigkeit.

Hierbei handelt es sich um Schlagserien am Sandsack, die eine relativ kurze Dauer haben von 7-10 Sekunden, dafür jedoch eine sehr lange Erholungsphase von 50-90 Sekunden dazwischen.

Ein guter Boxer senkt seinen Puls in der Erholungsphase um 50-80 Schläge. Je schneller der Puls runtergeht, desto besser ist seine Kondition. In der Regel stehen sechs bis zwölf Durchgänge auf dem Programm.

Ziel und Zweck dieser Übung ist es, den Athleten in eine maximale Schnelligkeitsbelastung zu bringen und ihn anschließend wieder zu regenerieren. Dadurch nimmt der Athlet enorm an Schnellkraft zu, so dass seine Schläge schnell und gleichzeitig hart ankommen.

2: Das Kraftausdauertraining am Sandsack findet meistens zum Ende des Trainings statt. Also meistens dann, wenn man eh schon am Ende seiner Kräfte ist :-)

Das Ziel ist es, wie der Name bereits verrät, die Kraftausdauer zu fördern.

Hier gibt es verschiedene Möglichkeiten, den Trainierenden zu therapieren. Die Ausgangsposition ist die gleiche, wie schon bei den "Schnelligkeits-Serien" beschrieben. Angefangen von 30 sec Belastung und 30 sec Erholung, über 35/25, 40/20, 45/15 bis hin zu 50/10. Hier wird jeder fündig! Je nach Leistungsstand werden hier zwischen sechs und fünfzehn Durchgänge hintereinander empfohlen.

3: Durchgehend schlagen
Diese Übung wird meistens nach dem Aufwärmen als erste Boxübung durchgeführt.

Der Trainierende befindet sich in seiner gewohnten Box-Grundstellung. Das Ziel ist es, durch Nonstop schlagen den gesamten Körper auf die weiteren boxspezifischen Übungen vorzubereiten. Dabei ist es ganz wichtig zu beachten, dass alle Schlagabfolgen OHNE Kraft ausgeführt werden. Das Tempo hierbei ist nicht entscheidend, der Trainierende sollte jedoch bei dieser Übung nicht einschlafen. Zusammengefasst müssen alle Schlagabfolgen bzw. Kombinationen ineinander übergehen.

4: Harte Schläge
Diese Trainingsmethode wird häufig in der Vorbereitungsphase, etwa sechs bis acht Wochen vor dem Wettkampf, durchgeführt. In der Regel und im optimalen Fall wird diese Trainingssystematik bis zu drei Wochen lang durchgeführt, bis der Trainierende auf zehn Einheiten kommt. Es ist eine der härtesten Übungen am Sandsack. Daher wird diese Übung meist von dem Normalo gemieden und ist nur etwas

für Hartgesottenere. Der Trainierende muss hierbei aus der erlernten Boxgrundstellung drei Minuten lang "nur" harte Schläge gegen den Boxsack abfeuern. Empfohlen sind sechs bis zwölf Runden. Eine weitere Schwierigkeit, die hinzu kommt sind die Handschuhe. Anders als bei den Übungen zuvor ist es hierbei nahezu Pflicht, Gerätehandschuhe zu tragen. Diese sind zwar wesentlich leichter als die Trainingshandschuhe, haben dafür aber kaum eine Polsterung in der Schlagfläche. Dadurch merkt der Trainierende spätestens nach drei Runden seine Hände vor Schmerzen nicht mehr und muss die übrigen Runden die Zähne zusammen beißen. Neben kaputten und angeschwollenen Händen als Ergebnis der Übung, wird die Schlagkraft durch diese deutlich härter sowie die Ausdauer gefördert.

5: Freies Arbeiten
Diese Trainingsmethode ist mit die häufigste, die im Boxtraining angewandt wird. Wie der Name schon verrät, obliegt es dem Trainierenden selbst, welche Schlagabfolgen er ausführt. Meistens arbeiten bei dieser Trainingsmethode mehrere Trainierende an mehreren Sandsäcken parallel. Der Trainer kann dann individuell die Trainierenden korrigieren bzw. ihnen Tipps geben.

Je nachdem was auf dem Trainingsprogramm steht, kann die Runden-Anzahl absolut variieren. In der Regel und je nach Leistungsstand, wird zwischen drei und zwölf Runden lang auf den Sandsack eingedroschen.

6: Gezielte Kombination
Bei dieser Übung bekommt der Trainierende von seinem Coach eine Schlagabfolge vorgegeben, die er dann am Sandsack ausführen muss. Unter didaktischer Anleitung wird diese Schlagabfolge meist so lange trainiert bis sie sitzt.

7: Kombiübung am Sandsack
Diese Trainingsform wird häufig im Zirkeltraining angewandt bei welchem der Sandsack eine Station ist. Unabhängig vom Zirkeltraining ist es natürlich auch möglich aufeinander folgende Kombi-Übungen durchzuführen.

Wie der Name bereits verrät, werden hier zwei Übungen miteinander kombiniert.

Anbei einige Beispiele:

Der Trainierende steht frontal vor dem Sandsack, die Füße sind hüftbreit auseinander sowie parallel zueinander. Die Fäuste sind am Kinn und die Ellbogen am Körper. Auf Kommando des Trainers schlägt der Halbprofi nun 30sec lang schnell und zugleich hart, abwechselnd gerade Stöße gegen den Sandsack.

Sobald der Trainer nach Ablauf dieser 30sec das Kommando, "Wechsel", von sich gibt, begibt sich unser Semi-Profi samt Boxhandschuhen in die Liegestütz-Position und fängt selbständig an 30sec Liegestützen zu machen. Dabei ist es zu empfehlen, die Liegestützen auf den Fäusten zu machen. Zum einen sind die Fäuste durch die Polsterung der Boxhandschuhe geschützt und zum anderen hat man eine größere Bewegungsamplitude, was dazu führt, dass es um einiges schwieriger, aber dafür effektiver wird. Ist die Zeit wiederum verstrichen, fängt die gleiche Prozedur wieder von vorne an, bis 3min erreicht sind.

Entscheidet man sich, wie gerade im Beispiel vorgegeben alle 30sec zu wechseln, so muss der Trainierende insgesamt dreimal wechseln.

Das gleiche Prinzip lässt sich natürlich auch mit anderen Schlagabfolgen sowie anderen Kräftigungsübungen (z.B. Kniebeugen, Crunches etc.) kombinieren.

Die Kreativität liegt in euren eigenen Händen.....

7. Kapitel

Vorbereitung und Verhalten im ersten Wettkampf

„Everyone has a plan 'till they get punched in the face!"

- Mike Tyson -

Der Wettkampf ist für jeden ambitionierten Athleten das Ziel. Nach Wochen, Monaten harter Vorbereitung steht er nun endlich bevor. Dabei gehen einem Athleten viele Fragen im Vorfeld durch den Kopf.
Habe ich genug trainiert?!

Werde ich das vereinbarte Gewicht auf die Waage bringen?!

Was ist, wenn ich verlieren sollte?!
... usw. ...

Es entsteht oft ein sogenannter Eigendruck. Hierbei ist es wichtig, einen Trainer zu haben, der dem hilft entgegenzuwirken. Fakt ist, es passiert einem nichts, wenn man denn verlieren sollte!

Weder wird man gesteinigt, noch gelyncht. Viel schlimmer ist es, aufgrund vom sogenannten Eigendruck quasi „den Schwanz einzuziehen" und gar nicht erst anzutreten. Daher ist es unheimlich wichtig, von vorne herein einen guten Draht, ja eine Bindung, zu seinem Trainer zu haben. Denn jeder Athlet ist individuell auf einen Kampf einzustellen!

Das fängt schon beim Training an. Es gibt Boxer, die schon nach drei Monaten kampfbereit sind, während andere ein Jahr brauchen. Dann kommt hinzu, dass es Athleten gibt, die mental stark sind und wiederum andere, die mental sehr schwach sind. Damit will ich sagen, dass man als Trainer an jeden Trainierenden individuell herangehen muss. Denn nur wenn die Bindung stimmt, ist es möglich auf längere Zeit erfolgreich zu sein.

Der Trainer ist letztlich derjenige, der bestimmt ob man für einen Wettkampf bereit ist oder nicht. Es muss einfach alles passen!

Angefangen bei koordinativen Übungen, begleitet von boxspezifischen Aspekten bis hin zum Wettkampftraining. All das muss passen, sowohl physisch als auch mental.

Wenn der Athlet all das mit sich bringt, ist er bereit für einen Wettkampf. Der Trainer hat dann die schwierige Aufgabe einen passenden Gegner zu finden. Er darf nicht zu stark sein, sollte aber auch kein „Fallobst" sein. Das Ziel ist, unabhängig von Sieg oder Niederlage, seinen Schützling zu motivieren, noch besser zu werden. Stellt man ihm einen deutlich erfahreneren Boxer gegenüber und er wird quasi vorgeführt, so verlieren die meisten ganz schnell die Lust an diesem Sport. Daher ist es wichtig, als Trainer seinen Boxer zu kennen, damit so etwas nicht passiert!

Insbesondere das Verhalten im Wettkampf kann über Sieg und Niederlage entscheiden. Als Trainer ist es daher wichtig, seinen Schützling positiv zum Wettkampf zu motivieren. Da gibt es viele verschiedene Möglichkeiten, z.B. positive Bilder vor dem inneren Auge hochholen, vorher zu meditieren, die eigene (Lieblings-) Musik zu hören, ausgiebige Spaziergänge usw. Jeder hat da individuelle Vorlieben! Der Schützling soll dabei jedoch nicht vom Wettkampf abgelenkt werden. Er soll vielmehr fokussiert werden, jedoch auf einer Ebene, in der er/sie sich wohl und sicher fühlt.

Im Wettkampf selber sollte der Trainer die einzige Person sein, die der Athlet während seines Kampfes neben dem Gegner wahr nimmt. Je mehr sich ein Trainer in der Vorbereitung mit seinem Schützling beschäftigt, umso vertrauter wird man miteinander. Die Anweisungen und Tipps werden durch die vertraute Stimme des Trainers mit der Zeit viel eher umgesetzt als durch die Stimme eines Fremden. Da die Runden-Pausen nur jeweils eine Minute lang sind, ist es das Ziel dem Boxer in dieser kurzen Zeit die bestmögliche Erholung zu bieten und ihm zeitgleich Tipps für die nächste Runde mitzugeben. Erfahrungsgemäß sollte man nicht mehr als zwei

Anweisungen pro Runde an den Athleten weitergeben. Da der Schützling mit einem sehr hohen Puls in die Ringecke kommt, ist die Aufnahme von mehr als zwei Anweisungen kaum umsetzbar. Es ist jedoch nicht verkehrt, die Anweisungen mehrmals in der Runden-Pause zu wiederholen. Umso größer ist der Vorteil, wenn man dieses Ritual schon im Vorfeld im Training wiederholt. Dadurch werden Boxer und Trainer zu einem eingespielten Team.

Wie schon oben kurz erwähnt, ist die Einhaltung des Gewichtslimits im Boxsport die Voraussetzung. Im Amateurbereich gibt es 10 Gewichtsklassen, bei den Profis sogar 17 Klassen. Bevor ein Wettkampf ausgemacht wird, einigt man sich im Vorfeld, in welcher Gewichtsklasse geboxt wird. Dieses Limit darf der Boxer nicht überschreiten. Bei den Amateuren wird am Kampftag selbst gewogen. Ist ein Athlet über dem vereinbarten Gewichtslimit drüber oder drunter, so wird er disqualifiziert und darf nicht am Wettkampf teilnehmen. Bei den Profis dagegen findet das offizielle Wiegen schon einen Tag vorher statt. Bei Nichteinhaltung des Gewichts erfolgt hier eine Geldstrafe, der Kampf findet jedoch trotzdem statt.

Gewichtsklassenübersicht Amateure und Profis:

Olympisches Boxen:

Halbfliegengewicht	46 – 49 kg
Fliegengewicht	– 52 kg

Bantamgewicht	– 56 kg
Federgewicht	– 57 kg
Leichtgewicht	– 60 kg
Halbweltergewicht	– 64 kg
Weltergewicht	– 69 kg
Mittelgewicht	– 75 kg
Halbschwergewicht	– 81 kg
Schwergewicht	– 91 kg
Superschwergewicht	91 kg +

Profiboxen:

Da die Gewichtsklassen im Profiboxen von den einzelnen Organisationen teils unterschiedlich benannt werden, ist dies unten so aufgeteilt angegeben. Die Limits sind hingegen gleich, die etwas „krummen" Zahlen ergeben sich daraus, dass die Einteilung klassisch in englischen Pfund erfolgt.

Minifliegengewicht – 47,627 kg (– 105 lbs)
(WBA/IBF/WBO), Strohgewicht (WBC)

Leichtfliegengewicht – 48,988 kg (– 108 lbs)
(WBA/WBC), Juniorfliegengewicht (WBO/IBF)

Fliegengewicht – 50,802 kg (– 112 lbs)

Superfliegengewicht – 52,163 kg (– 115 lbs)
(WBA/WBC), Juniorbantamgewicht (WBO/IBF)

Bantamgewicht – 53,525 kg (– 118 lbs)

Superbantamgewicht - 55,225 kg (- 122 lbs)
(WBA/WBC), Juniorfedergewicht (WBO/IBF)

Federgewicht - 57,153 kg (- 126 lbs)

Superfedergewicht - 58,967 kg (- 130 lbs)
(WBA/WBC), Juniorleichtgewicht (WBO/IBF)

Leichtgewicht - 61,235 kg (- 135 lbs)

Superleichtgewicht - 63,503 kg (- 140 lbs)
(WBA/WBC), Juniorweltergewicht (WBO/IBF)

Weltergewicht - 66,678 kg (- 147 lbs)

Superweltergewicht - 69,853 kg (- 154 lbs)
(WBA/WBC), Juniormittelgewicht (WBO/IBF)

Mittelgewicht - 72,574 kg (- 160 lbs)

Supermittelgewicht - 76,203 kg (- 168 lbs)

Halbschwergewicht - 79,378 kg (- 175 lbs)

Cruisergewicht - 90,718 kg (- 200 lbs)
(WBA/WBC/IBF), Juniorschwergewicht (WBO)

Schwergewicht 90,718 kg + (200 lbs +)

8. Kapitel

Amateur- und Profiboxen deren Zukunft

Muhammed Ali im Flugzeug:

Ali: „Supermann braucht keine Gurt!"

Stewardess: „Supermann braucht kein Flugzeug!"

Amateurboxen

Das Amateurboxen ist meistens der Einstieg in den Boxsport. Schon im Kindesalter ist es möglich Boxen zu trainieren und bereits mit Vollendung des 10. Lebensjahres ist es gestattet an offiziellen Wettkämpfen teilzunehmen. Im gesamten Jugendbereich, d.h. bis zum 18. Lebensjahr wird mit Kopfschutz geboxt. Die Rundenzeit variiert zwischen 3x1min bei 10-12 jährigen, 3x2min bei 14-16 jährigen und 3x3min ab dem 16. Lebensjahr. Diese Rundenanzahl und Dauer bleibt auch in der Altersklasse "Männer" bestehen, mit dem einzigen Unterschied, dass hierbei ohne Kopfschutz geboxt wird. Das Punktesystem hat sich in den letzten Jahren mehrmals verändert. Vom Pointer, bei dem quasi jeder Treffer zählte und man oft Ergebnisse hatte wie z.b. 52:43, über einen Pointer, der kaum ein Treffer zugelassen hat und es Kämpfe gab, die tatsächlich 0:0 ausgingen und bei denen mit Hilfspunkten der Sieger ermittelt wurde, bis hin zum momentanen Punktesystem, das ähnlich der Profis funktioniert. Die Punktrichter schauen sich eine Runde an und bewerten sie anschließend. Am Ende wird zusammengerechnet, wer die meisten Runden gewonnen hat.

Jedes Land hat einen Verband, welcher dem olympischen Boxverband angehört. In Deutschland ist das der DBV (Deutsche Boxsportverband). Die Großzahl aller Boxvereine in Deutschland gehört diesem Boxverband an. Als Mitglied und Inhaber eines Startausweises kann man an diversen Turnieren und Meisterschaftskämpfen teilnehmen. In diesem Boxpass (Startausweis) werden alle Kämpfe geführt, samt Ort, Datum, Ergebnis sowie den Gegnern. Jeder Kampf den man bestreitet, sei es im Kindesalter, als Jugendlicher oder als Erwachsener wird in diesem Kampfpass aufgeführt.

In Deutschland ist die Meisterschaftsrunde folgendermaßen aufgebaut:

1: Bezirksmeisterschaft
2: Verbandsmeisterschaft
3: Landesmeisterschaft
4: Deutsche Meisterschaft

Die ganze Meisterschaftsrunde dauert in der Regel ein knappes halbes Jahr lang. Wer direkt am Anfang der Meisterschaftsrunde verliert, der muss bis zum nächsten Jahr warten bzw. sich durch diverse Boxveranstaltungen und Turniere fit halten. Sollte man die Deutsche Meisterschaft (DM) gewinnen bzw. das Finale erreichen, so hat man gute Aussichten, in die Nationalmannschaft aufgenommen zu werden und an Internationalen Wettkämpfen sowie an Europameisterschaften, Weltmeisterschaften und Olympischen Spielen teilzunehmen.

Parallel zu diesem systematischen Aufbau gibt es noch die Boxligen. Ähnlich wie im Fußball gibt es hier die 1. Bundesliga, die 2. Bundesliga und die Oberliga. Diese Staffelkämpfe fangen nach den Meisterschaften an und gehen ebenfalls ein halbes Jahr lang bis die neuen Meisterschaften beginnen. In den Ligen sind meistens zwischen 4 und 6 Teams gemeldet. Wer sich jetzt wundert, wieso es so wenige sind, dem sei erklärt, dass Boxen mit Fußball nicht verwechselt werden darf. Eine Boxstaffel wäre kaum in der Lage, jedes Wochenende in den Ring zu steigen! Daher findet ein Kampftag nur alle 2-3 Wochen statt. Ein großes Problem für die meisten Boxer ist es, aufgrund der wenigen Teams sich überhaupt für eine Ligamannschaft zu empfehlen!

Da in Deutschland maximal 18 Teams (Oberliga - Bundesliga) an den Start gehen, ist jeder einzelne Platz sehr rar. Umso wichtiger ist es, sich für die Nationalen Meisterschaften (DM) zu qualifizieren und dort eine gute Platzierung zu erzielen. Meistens wird direkt im Anschluss an die Meisterschaften mit den Bundesliga- und Oberligateams verhandelt. Die Staffel selbst besteht aus 8 Kämpfern, die in Gewichtsklassen von 56 kg bis +91 kg antreten.

Interessant ist zu erwähnen, dass der erste Wettkampf bereits beim offiziellen Wiegen stattfindet. Jeder der acht Kämpfer der das Kampfgewicht seiner Gewichtsklasse auf die Waage bringt, erhält einen Punkt. Im besten Fall steht es nachdem offiziellen Wiegen 8:8. Sollte ein Kämpfer jedoch über dem Gewicht liegen, so bekommt sein Gegner zusätzlich einen zweiten Punkt und man wird zudem disqualifiziert. In so einem Fall würde es nach dem offiziellen Wiegen 9:7 stehen, was als sehr schlechte Ausgangsposition gilt.

Denn jeder Sieg bringt nur einen weiteren Punkt hinzu. Wenn alle Athleten ihr Kampfgewicht gebracht haben, ist das beste Resultat, was erzielt werden kann, ein 16:8. Sollten beide Staffeln je viermal gewinnen so ist das Endergebnis 12:12, egal ob die Siege durch Punkte oder durch KO gewonnen werden.

Immer mehr Länder rufen einen weiteren nationalen Boxverband ins Leben. Die Gründe dafür sind verschieden. So werfen manche Funktionäre und Athleten den Verbänden Manipulation und Korruption vor. Anderen wiederum gefällt das System nicht, dass Amateuren die Kooperation mit Profis strengstens untersagt und Verstöße dagegen mit Sperren belegt werden.

In Deutschland selbst gibt es neben dem DBV, seit ein paar Jahren den Boxverband GBA (German Boxing Association). Bei der GBA handelt es sich eigentlich um einen Profiboxverband, der jedoch die Kooperation zwischen Amateuren und Profis fördert und seine eigenen Deutschen Amateurmeisterschaften austrägt.

Da er jedoch nicht zum Weltverband AIBA (Amateur International Boxing Association) gehört, können die Athleten nicht an Internationalen Meisterschaften wie Europameisterschaft, Weltmeisterschaft oder an den Olympischen Spielen teilnehmen. Die GBA versucht vielmehr, nationalen Talenten einen reibungslosen Übergang zu den Profis zu ermöglichen.

Profiboxen

Boxprofi zu werden ist für die meisten Amateurboxer ein Traum.

Dabei ist es quasi eine ähnliche aber zugleich auch andere Sportart. Man kann es gut vergleichen mit einem 100m Läufer und einem 3000m Läufer. Beides sind Läufer, haben jedoch einen völlig anderen Trainings- und Wettkampfablauf. Genau so ist das bei einem Amateur- und einem Profiboxer.

Während im Amateurbereich die Rundenanzahl immer dieselbe ist, variiert die Anzahl der Runden bei den Profis zwischen 4 und 12 Runden. Dementsprechend ist die Einteilung der Intensität und des Tempos eine völlig andere, als die der Amateure!

Des Weiteren ist Strategie und Taktik unterschiedlich im Vergleich zu den Amateuren.

Kurz zusammengefasst kann man sagen, dass in einem Amateurkampf das Tempo und die Schlagfrequenz wesentlich höher sind als in einem Profiboxkampf. Dafür sind die Kämpfe bei den Profis strategischer und taktischer aufgebaut. Zudem ist Schlagkraft in der Regel bei den Profis höher, weil die Schlagfrequenz geringer ist.

Dennoch haben Boxer die auf eine Amateurkarriere zurückblicken können, fast immer bessere Voraussetzungen als diejenigen, die direkt mit dem Profiboxsport beginnen. Trotz der vielen Unterschiede im Amateur- und Profibereich haben sie eine große Gemeinsamkeit und zwar die Erfahrung der unzähligen Kämpfe. Daher ist das wichtigste für einen Amateurboxer der in den Profibereich wechselt, ein Team, das eine optimale Umstellung gewährleistet. Auch hier sei gesagt, dass die Zeit die Erfahrung mit sich bringt.

Im Profiboxsport gibt es drei Arten von Boxern.

Möchtegernboxer, die eigentlich in die Kategorie „Fallobst" fallen, meistens ohne jegliche Vorerfahrung mit dem einfachen Ziel, schnellstmöglich Geld zu verdienen.

Boxer mit Potenzial, jedoch ohne finanzielle Unterstützung und Boxer die ebenfalls Potenzial, aber auch finanzielle Unterstützung haben.

Die Boxer der Kategorie "Fallobst" kennen meistens ihren Zweck. Sie werden quasi zum Verlieren eingeladen um den Gegner aufzubauen. Sie sind keine Werbung für den Boxsport und bilden zum Glück nur einen kleinen prozentualen Anteil in der Boxszene. Anders ausgedrückt bekommen sie Schmerzensgeld für ihren Antritt ;-)

In der Kategorie Boxer mit Potenzial, jedoch ohne finanzielle Unterstützung, handelt es sich meistens um Athleten, die auf eine Amateurkarriere zurück blicken, es jedoch nicht geschafft haben in irgendeinem Boxstall unterzukommen und meistens ohne Vertrag sind. Diese "freien Boxer" dienen für die Promoter als weitere Aufbaugegner für ihre eigenen Boxer. Hin und wieder gelingt einem dieser "freien Boxer" eine Überraschung, wenn sie einen unter Vertrag stehenden Boxer besiegen. In diesem Fall öffnen sich manchmal neue Türen für diese Athleten und sie werden selbst unter Vertrag genommen.

Im Optimalfall ist man ein Boxer mit Potenzial und tut sich mit einem großen Promoter zusammen.

Dies ermöglicht dem Athleten, das Boxen zum Beruf zu machen. Die Voraussetzungen dafür sind jedoch sehr schwierig.

Meistens trifft das auf Boxer zu, die sich bei Internationalen Amateurmeisterschaften, wie EM, WM oder den olympischen Spielen eine Medaille erboxt haben. In solchen Fällen geschieht es häufig, dass man gleich von mehreren Promotern umworben wird.

Der erste Schritt nachdem man sich entschieden hat Boxprofi zu werden, ist zunächst die Mitgliedschaft im Nationalen Verband. In Deutschland gibt es mittlerweile 3 Profiboxverbände. Der älteste ist der BDB (Bund Deutscher Berufsboxer), den es seit 1949 gibt.

Der mitgliedreichste Verband in Deutschland ist die GBA (German Boxing Association) den es seit 2004 gibt.

Der BDF (Bund Deutscher Faustkämpfer) ist der jüngste Verband im deutschen Profiboxsport. Dieser existiert seit 2015.

Anders als bei den nationalen Verbänden, gibt es auf dem internationalen Markt unzählige Boxweltverbände von kleinen bis hin zu großen. Fast allen geht es dabei um den kommerziellen Zweck. Es ist wesentlich einfacher, einen Titel bei den Profis zu gewinnen, als bei den Amateuren!

Diejenigen die sich jetzt wundern, kläre ich gerne auf. Bei so vielen Verbänden verliert man leicht die Übersicht. So kommt es einem manchmal so vor, dass jeder gleich Weltmeister ist, ohne dafür etwas geleistet zu haben ;-)

Da es selbst mir schwer fällt, alle Verbände aufzuzählen, benenne ich hier nur die vier großen Weltverbände, die quasi das Sagen in der Boxwelt haben und deren Titel auch eine Bedeutung hat.

- WBA (World Boxing Association) ist 1962 in Rhode Island, USA gegründet worden und ist damit der älteste namenhafte Boxverband. Der heutige Sitz ist in Panama City, Panama.

- WBC (World Boxing Council) ist 1963 gegründet worden. Gründungsort- und Sitz ist mit Mexiko City, Mexiko bis heute derselbe.

- IBF (International Boxing Federation) ist 1983 gegründet worden und hat seinen Sitz in Springfield Township, USA.

- WBO (World Boxing Organization) ist 1988 gegründet worden. Der Sitz ist auch hier gleichzeitig der Gründungsort und zwar in San Juan, Puerto Rico.

Als Boxprofi hat man die Möglichkeit, gleich für mehrere Weltverbände zu boxen. Die Voraussetzung hierfür ist die Mitgliedschaft. Der Vorteil hierbei ist, dass man durch gute Leistungen und Erfolge viel schneller einen Titelkampf bekommt, als wenn man nur in einem Verband Mitglied ist. Der Nachteil ist, dass für jeden Verband separat eine Mitgliedschaft bezahlt werden muss und somit steigen die Kosten von Mitgliedschaft zu Mitgliedschaft.

Jeder dieser Weltverbände führt seine eigenen Ranglisten. Voraussetzung für die Teilnahme an diesen ist natürlich, dass man Mitglied im jeweiligen Verband ist. Obendrein gibt es mit "BoxRec" eine Datenbank, in der weltweit alle Profiboxer geführt werden und zudem eine verbandsoffene Rangliste geführt wird. Dies ermöglicht Veranstaltern, Managern und Interessierten eine ideale Übersicht über alle Boxer.

In dieser Datenbank wird eine ganze Historie jedes einzelnen Boxers aufgelistet, u.a. der Kampfrekord, Gegner, wann und wo geboxt wurde, das Kampfgewicht bei jedem einzelnen Kampf, ja sogar der Manager inklusive Kontaktdaten ist aufgelistet. So haben es die Promoter nicht schwer, mit den Boxern in Kontakt zu treten um Angebote zu unterbreiten. Ein großer Unterschied zu den Amateuren ist, dass man im Profibereich seinen eigenen individuellen Plan auf dem Weg nach oben gestalten kann.

Vor allem am Anfang kann man geschickt Boxern aus dem Weg gehen, die einem z.B. aufgrund des Kampfstils etc. nicht passen. Das ändert sich natürlich wenn man oben in der Rangliste angekommen ist, dann gibt es von den Verbänden sogenannte Pflichtansetzungen.

Ein großer Vorteil für einen Boxstall ist zudem die Zusammenarbeit mit Medien, allen voran das Fernsehen. Dadurch ermöglichen sich für Promoter und Boxer ganz andere Dimensionen. Die Sponsoren werden lukrativer, dadurch ist u.a. die Verpflichtung von internationalen Top Athleten möglich. Stars tummeln sich am Boxring und dadurch rückt man in den Mittelpunkt. Die Folge ist jedoch auch, dass der Druck bei den Athleten steigt womit nicht alle Boxprofis klar kommen.

Die Kunst ist es, das Sportliche sowie die mediale Präsenz „unter einen Hut" zu bekommen. Das macht einen guten Berufssportler, in dem Fall, einen Boxprofi aus.

Zukunft des Boxens

Meiner Meinung nach liegt die Zukunft des Boxens ganz klar im Profibereich.

Der Amateurbereich ist weiterhin für den Einstieg und die Erfahrung ideal. Ambitionierte Boxer sollten jedoch ihre Karrierechancen und Erfolgsaussichten schon früh im Profibereich versuchen. Das Amateurboxen hat sich in den letzten Jahren leider kaum weiterentwickelt. Sowohl boxerisch als auch organisatorisch. Den Top Athleten werden im Amateurbereich Knebelverträge aufgezwungen und das Marketing angesichts der mit dem Internet etc. erheblich gestiegenen Möglichkeiten heutzutage, lässt auch zu wünschen übrig.

Im Profibereich dagegen haben die Boxer durch die große Anzahl an Verbänden weitaus mehr Möglichkeiten ihren eigenen individuellen Weg zu ebnen.

9. Kapitel

Verletzungen und Vorsorge

„Sicher, es gab Verletzungen und Todesfälle im Boxsport – aber keine ernsthaften."

- Alan Minter -

a) Nasenbeinbruch

Eine der verbreitetsten Verletzungen beim Boxen ist neben diversen Platzwunden im oberen Gesichtsbereich der Stirn oder den Augenbrauen der Nasenbeinbruch. Bei einem Schlag mitten in das Gesicht des Gegners bricht nicht selten dessen Nasenbein, welches beim Profiboxen anders als im Amateurbereich völlig ungeschützt und daher gut erreichbar für jeden Treffer des Gegners, ziemlich leicht verletzbar mitten im Gesicht liegt. Hat hier also die eigene Abwehr mal nicht funktioniert bzw. ist der Gegner abgerutscht und trifft vielleicht sogar unbeabsichtigt die Nase seines Gegners, ist ein Bruch bzw. ein Zersplittern der knöchernen Scheidewand nicht gerade eine Seltenheit. Dass jemand im Boxsport aktiv war oder ist und zwar im Profibereich, wo ohne Gesichts- oder Kopfschutz gekämpft wird, erkennt der Laie daher meist an der krummen oder auch recht platten Nase des Boxers. Da diese Art der Verletzung eine so gängige und häufige ist, lohnt es sich erst an ein Richten der Nase nach der endgültigen Beendigung der Boxkarriere zu denken. Die „erste Hilfe" bei einem Nasenbeinbruch im Ring ist denn auch relativ unspektakulär einfach der Effekt, dass der Boxer selbst in der Regel „im Eifer des Gefechts" zunächst gar nichts spürt von diesem. Während der Pause „in der Ecke" wird dann die Nase durch den Cutman im Einsatz schlicht so per Hand aufgerichtet, dass eine einigermaßen freie Atmung durch die Nase wieder funktioniert. Im Anschluss daran werden in Adrenalin getränkte Wattestäbe oder Wattetampons in die beiden Nasenlöcher eingeführt, um die mit der Verletzung einhergehenden Blutungen einigermaßen zu stillen.

Das fachgerechte Aufrichten der so einmal erhaltenen „Sattelnase" wird schließlich durch einen plastischen Chirurgen vorgenommen. Aufgrund der Häufigkeit dieser Verletzung lohnt dies jedoch wie bereits erwähnt erst nach Ende der Boxkarriere wirklich.

b) Riss in der Augenbraue

Auch ein Riss in der Augenbraue ist für einen Boxer eigentlich keine große Angelegenheit. Jedoch kommt es aufgrund dessen teilweise sogar häufiger als bei schwereren körperlichen Verletzungen tatsächlich zu einem Kampfabbruch. Dies insbesondere dann, wenn die damit einhergehende meist sehr starke Blutung nicht gestoppt werden kann und der Boxer schlichtweg infolgedessen nichts mehr sieht. Komplikationen kann es hier zudem geben, wenn neben einem zunächst waagerechten Cut noch ein senkrechter Cut hinzukommt oder ganz besonders heikel wird es, sofern das Oberlid des Auges in die Verletzung involviert ist. Wächst dieses nämlich während des anschließenden Heilungsprozesses nicht wieder richtig zusammen und schließt daher eventuell später nicht mehr vollständig über dem Auge, kann es hier zu Spätschäden bis hin zu einer Erblindung des Auges kommen.

Gerade bei dieser typischen Verletzung kommt der sogenannte Cutman im Ring zu seinem namensgebenden Einsatz. Während der Pause steht er direkt nach jeder Runde in der Ecke am Ring neben dem Trainer und dem Physiotherapeuten bereit und ist insbesondere für die schnelle Behandlung von leichteren Verletzungen wie Platzwunden, Nasenbluten oder Schwellungen zuständig.

Nachdem dieser die Wunde zunächst mit Wattestäbchen und/oder einem in Wasser getränkten Schwamm gereinigt hat, kühlt er die Verletzung mit einem Eisbeutel oder einem speziell dafür vorgesehen Eisen, dem Enswell.

Im zweiten Schritt steckt er auch hier die mit Adrenalin getränkten Wattetamponaden oder einfach Wattestäbchen zum Stillen der Blutung hinein.

Damit der Kampf weiter fortgeführt werden und in die nächste Runde gehen kann, kommt schließlich reichlich weiße Vaseline auf die Augenbraue, damit weitere Schläge des Gegners an dieser einfach abrutschen. Aber auch Thrombine oder Avitene oder eine Salbe, welche Adrenalin enthält, können auf die Wunde aufgetragen werden.

Erst nach dem Ende des Kampfes näht schließlich der diensthabende Ringarzt oder ein Arzt in der nächsten Notaufnahme die Platzwunden, welche eine gewisse Größe erreicht haben, zu.

Alternativ kann eine solche Blutung natürlich auch durch einen entsprechenden Druckverband mit einer fixierten Wundauflage darauf zum Stoppen der Blutung behandelt werden, bevor diese durch einen Arzt schließlich genäht oder auch schlicht geklammert wird.

Die gute Nachricht ist, die überwiegende Zahl der während eines Kampes erworbenen Cuts ist ca. 10 Tage nach einem stattgefundenen Kampf bereits wieder verheilt.

c) Auskugeln des Schultergelenks

Eine eher seltenere Verletzung, zu der es aber kommen kann, sofern der Gegner beispielsweise den Boxer durch einen gezielten Schlag niederstreckt und dieser sich beim Fallen nach hinten versucht abzustützen. Es ist dabei möglich, dass infolge des Aufpralls der Oberarmkopf quasi in die Achselhöhle rutscht und das empfindliche Schultergelenk dabei ausgekugelt wird. Mit einer derartigen Verletzung kann definitiv nicht weitergeboxt werden, der Kampf muss abgepfiffen werden.

Zudem ist die sofortige Behandlung durch den anwesenden Arzt zwingend notwendig, da es ansonsten leicht zu Schädigungen der nun auch gefährdeten Sehnen und Nerven kommen kann. Auch ist die Verletzung in der Regel derart schmerzhaft, dass ein Wiedereinrenken nur unter Einsatz eines Kurzzeit-Narkosemittels möglich ist. Bei besonderen Komplikationen kann hier zudem sogar eine sich anschließende Operation erforderlich sein, gefolgt von einer Reha-Maßnahmen und damit verbunden einer längeren Kampfpause für den Boxer.

Eine ärztliche Behandlung ist somit zwingend erforderlich und von eigenen Versuchen provisorischer Behelfsmaßnahmen, wie einem kräftigen Stoß gegen die Wand, einen Türrahmen oder anderen harten Gegenstand mit Arm/Schulter ist dringend abzuraten, zumal auf diese Weise auch weitere, zusätzliche Verletzungen des Schultergelenks die Folge sein könnten.

d) Bruch des Mittelhandknochens

Sofern der Boxer keine schützenden gut gepolsterten Boxhandschuhe tragen würde, gehörte der Bruch des Mittelhandknochens zu so ziemlich jeden Kampf dazu. Man geht davon aus, dass ein durchschnittlicher Punch mit einer Geschwindigkeit von

15 km/h an einer beliebigen Stelle auf den Körper des Gegners aufschlägt. Bei einer derartigen Schlaggeschwindigkeit gegen eine Wand oder einen anderen harten Gegenstand würde der Mittelhandknochen schlichtweg „zerbröseln". Der ein oder andere unter Euch hat dies vielleicht schon zu spüren gekommen, sofern er bei einer len" Schlägerei ohne Boxhandschuhe zugelangt hat und der Schlag erstaunlicherweise nicht nur für den Gegner äußerst schmerzhaft war. Wie empfindlich der Mittelhandknochen jedoch tatsächlich ist, zeigt sich daran, dass trotz des Tragens von dick gepolsterten Boxhandschuhen dessen Bruch im Boxsport zu den häufigsten Verletzungen gehört.

Während des Kampfs selbst merkt der Boxer davon in der Regel wieder relativ wenig, seinem inneren Adrenalinschub sei Dank!

Es ist daher bei dieser Art der Verletzung kein Kampfabbruch erforderlich, zudem wird die Hand weiterhin durch die Bandagen/Tapes sowie die festen Handschuhe geschient und in Form gehalten.

Nach Beendigung des Kampfes sollte jedoch unbedingt eine umgehende ärztliche Versorgung stattfinden. Der Bruch muss in der Regel entweder gegipst, geschient oder bei einem offenen Bruch sogar operiert werden. Eine Kampfpause über einen Zeitraum von ca. 2 Monaten ist in der Regel ebenfalls die Folge.

e) Leberhaken

Ebenfalls äußerst unangenehm, aber glücklicherweise in fast 90% der Fälle ohne jede kritische Nachwirkung ist der sogenannte Leberhaken im Boxkampf.

Da die Leber oberhalb der für das Regelwerk im Boxen ausschlaggebenden „Gürtellinie" liegt, sind Schläge auf diese erlaubt. Darüber hinaus wirken diese sehr effektiv. Fast immer geht der Betroffene infolge der Schmerzhaftigkeit zu Boden und ein Kampfabbruch durch TKO = technisches KO ist nicht selten die Folge.

Die Wirkung des Leberhakens ist ein schmerzhaftes Ziehen durch die gesamte Organgegend. Schlimmeres wird aufgrund der die Leber umgebenden schützenden Kapsel meist verhindert.

Im Gegensatz zum Schlag auf die Leber ist ein solcher auf die Nieren jedoch verboten, da dieser leicht zu inneren Blutungen in der Nierenkapsel führen kann.

f) Schädel-Hirn-Traum etc.

Neben den aufgezählten behandelbaren Boxverletzungen gibt es leider noch die weitgehend unbehandelbaren, welche zum Teil irreversible Folgeerscheinungen bzw. -schäden nach sich ziehen. Hierzu zählen gerade die klassischen Kampfbeendigungen durch KO, welche üblicherweise durch ein

Knock out des Gegners infolge eines so heftigen Schlages vor dessen Kopf erfolgen, dass dieser ein akutes Schädel-Hirn-Trauma erleidet und (glücklicherweise meist nur kurzzeitig) bewusstlos wird.

Wie man heute weiß, können derartige Knock-outs jedoch mit ansteigender Häufigkeit auf die Dauer durchaus auch Langzeitschäden mit sich bringen, wie man bei vielen ehemaligen Boxgrößen, beispielsweise unter anderem bei Muhammad Ali, gut beobachten kann. Funktionelle Verletzungen des Gehirns können die Folge sein, ebenso diverse neuropsychiatrische Folgeerkrankungen wie Lähmungen, Zittern, Demenz oder psychische Probleme wie starke Aggressionen oder Depressionen.

Auch kommt es aufgrund dessen auch heute noch nach wie vor zu einer ganzen Reihe von Todesfällen im Profiboxsport jährlich.

Um das Risiko für die Kämpfer etwas abzumildern wurde zumindest das sogenannte TKO = „Technisches KO" in den letzten Jahren eingeführt, welches zu einem Kampfende führen soll, gerade bevor einer der Boxer durch einen richtigen KO Schlag seines Gegners dauerhaft zu Boden geht. Das TKO wird durch den Ringrichter ausgesprochen, sobald für diesen eindeutig ersichtlich ist, dass einer der beiden Kämpfer körperlich unterlegen ist und keine realistische Chance mehr für diesen besteht, den Kampf weiterzuführen, geschweige denn diesen noch zu gewinnen.

Gerade im Hinblick auf die möglichen schweren Folgeschäden ist zudem das Amateurboxen mit einem deutlich geringeren Gesundheitsrisiko verbunden, da bei diesem ein Kopfschutz sowie weitaus dicker gepolsterte Handschuhe für die Boxer Pflicht sind.

„Wem das zu brutal ist, muss sich Freunde suchen, die Tischtennis spielen!"

- Andreas Sidon zu Frank Rose -

10. Kapitel

Rechtliche Rahmenbedingungen

„Ich weiß nicht immer, wovon ich rede. Aber ich weiß, dass ich Recht habe."

- Muhammed Ali -

- Vorliegen einer Notwehrlage

Was tun abends in der Kneipe oder auf der Straße, wenn man vermeintlich angegriffen wird?

Ist es in solch einem Fall erlaubt, die ursprünglich für die sportliche Ausübung erworbenen Boxkenntnisse zur Selbstverteidigung gegen potentielle Angreifer anzuwenden?

Man denkt hierbei in der Regel an Situationen, welche durch sogenanntes Vorliegen einer Notwehrlage gerechtfertigt sind. Unter juristischen Gesichtspunkten bedarf es bei einer solchen jedoch bestimmter Voraussetzungen, damit ein derartiges Verhalten tatsächlich auch als rechtmäßig eingestuft werden kann.

Zunächst muss einmal eine sogenannte Notwehrlage tatsächlich gegeben sein, d.h. es muss ein gegenwärtiger und rechtswidriger Angriff vorliegen. Entscheidend dabei ist aufgrund der nachträglichen Betrachtung und eventuell auch rechtlichen Würdigung der Situation durch die Polizei bzw. durch das Gericht etc., dass der tätliche Angriff deutlich von dem Gegenüber und nicht von Euch selbst ausging, dass es sich nicht lediglich um eine Provokation der anderen Seite in Form z.B. einer Pöbelei oder ähnlichem handelte, dass eine konkrete Gefahr für Eure „körperliche Unversehrtheit" durch diesen Angriff gegeben war bzw. ist und im besten Fall, dass es vor Ort ausreichend Zeugen gibt, welche dies im Nachhinein in Eurem Sinne auch bestätigen können. Denn auch bei einer Schlägerei gilt, hier steht zunächst Aussage gegen Aussage, d.h. sofern nur Ihr und Euer Gegenüber allein am sogenannten Tatort zugegen wart und plötzlich eine Prügelei zwischen Euch entbrannte, wird es schwer zu beweisen sein, wer von Beiden nun letztlich angefangen hat und den ersten Schlag von sich gegeben hat, während der Andere eventuell lediglich verbal provozierte.

Anders liegt es selbstverständlich bei Vorliegen einer Notwehrlage, sofern hier mehrere eindeutig gewalttätige Personen auf eine Einzelperson oder jemand deutlich Schwächeren geradezu „losgehen", beispielsweise ein körperlich überlegener Mann auf eine Frau, mit der Absicht, dieser etwas anzutun oder gar im Anschluss noch ein Sexualdelikt an dieser zu verüben. Oder aber bei beabsichtigten

Raubüberfällen mit dem Ziel der zusätzlichen Verübung eines Vermögensdeliktes etc.

Erst recht kann eine Notwehrlage entstehen, die jede Gegenwehr rechtfertigt, bei einem Einbruch in den „eigenen vier Wänden".

Bei Angriffen oder Provokationen auf offener Straße gilt jedoch grundsätzlich: einer direkten körperlichen Konfrontation möglichst solange aus dem Weg gehen, wie es möglich ist! Auch wenn dies auf den ersten Blick „unmännlich" erscheint!

Vorzugsweise nicht auf verbale Attacken oder schon leichte Schubsereien reagieren, sondern sich lieber derartigen Situationen entziehen durch einfaches Weitergehen, am besten auch wortlos oder Weglaufen oder beispielsweise auch frühzeitigem Wechsel der Straßenseite, wenn einem z.B. eine Horde Betrunkener nachts entgegenkommt, welche mutmaßlich „auf Krawall aus" ist.

Hier gilt der gleiche Tipp wie schon in der Fahrschule beim Erwerb der Fahrerlaubnis und zur Beachtung auch bei der weiteren Teilnahme im Straßenverkehr: defensives Verhalten ist grundsätzlich dem aggressiven vorzuziehen!

Sollte sich trotz dessen einmal eine derartige Konfrontation nicht verhindern lassen und man gerät tatsächlich unverschuldet und ohne Fluchtmöglichkeit in diese, dann gelten für die Anwendung der Boxkenntnisse die gleichen Regeln wie für jede andere Art der Selbstverteidigung: zur Abwehr des Angriffs und zum Schutz der eigenen körperlichen Unversehrtheit und des Lebens sowie anderer Betroffener können diese selbstverständlich angewandt werden.

Ob jedoch im Einzelfall gewisse Grenzen der wirklich notwendigen körperlichen Verteidigung überschritten wurden, dies unterliegt im Zweifel bei einer Nachbetrachtung der rechtlichen Beurteilung durch die mit dem Fall beschäftigten, zuständigen Juristen.

- Welche Verträge gilt es abzuschließen?

Jeder Boxer muss bei Beginn seiner Karriere meist zunächst zwei Verträge unterschrieben, einmal den sogenannten Veranstalter-Vertrag mit dem Veranstalter und zum anderen den Vertrag mit seinem Management.

Während in dem ersten Vertrag festgelegt wird, wie viele Kämpfe zu welchen Konditionen in welchem Zeitraum der Boxer exklusiv für einen bestimmten Veranstalter bestreiten wird, legt der zweite Vertrag das Verhältnis zu seinem Manager fest. Mit diesem letztgenannten Vertrag verpflichtet sich der Boxer in der Regel, so gut wie alle seine das Boxen betreffenden Rechte auf seinen jeweiligen Manager zu übertragen. Im Gegenzug verpflichtet sich der Manager, dem Boxer geeignete und für seinen jeweiligen Status und seine Karriere passende Kämpfe zu arrangieren, und ebenso sich um dessen geschäftliche Belange zu kümmern.

Während in der Vergangenheit oft die Veranstalter der Kämpfe gleichzeitig das Management der Boxer übernommen haben, fand hier in den letzten Jahrzehnten ein Wandel statt und beide Funktionen werden nun überwiegend nicht mehr in Personalunion vertreten.

Begründet ist dies in dem „Muhammad Ali Reform Act", umgangssprachlich meist abgekürzt als „Ali Act" bezeichnet, ein Gesetz, welches im Jahr 2000 in den USA zum Schutz der Rechte von Boxern, zur Verbesserung und Vereinfachung der staatlichen Aufsicht über das Boxgeschäft und zur Implementierung von Fairness und Integrität im Boxsport erlassen wurde. Gerade die Ausbeutung von Boxern durch die Manipulation von Kampfergebnissen und Rankings oder in Gestalt von Knebelverträgen sollten durch dieses verhindert werden.

Auch wenn es in Deutschland ein vergleichbares Gesetz speziell für den Boxsport aktuell (noch) nicht gibt, so ist es doch auch hier ratsam für jeden Boxsportler, sich an diesen Vorgaben von Anfang zu orientieren, vor allem wenn er im Laufe seiner Karriere im Profibereich und eventuell auch international kämpfen möchte. Letztlich muss es sogar das langfristige Ziel für jeden ernsthaften Profiboxer sein, irgendwann im „Land der unbegrenzten Möglichkeiten" zu kämpfen, da dieses nach wie vor auch heute noch führend im Profiboxsport ist. Um daher von Anfang an vorausschauend mögliche Probleme dort vor Ort, welche bis hin zu Klagen vor den dortigen Gerichten reichen können, zu vermeiden, sollte eine solche Personalunion von Veranstalter und Manager in einer (juristischen) Person daher auch bei einem Start zunächst in Deutschland direkt vermieden werden.

Leider sieht die Realität trotz derartiger gesetzlicher Vorgaben nüchtern betrachtet auch heute größtenteils anders aus: selbst wenn eine Personalunion bei Veranstalter und Management überwiegend nicht mehr vorliegt, so werden hier doch meist wirtschaftlich miteinander verflochtene Personen oder Firmen tätig und so beispielsweise gerne andere Familienmitglieder und/oder (Geschäfts-) Freunde von den Veranstaltern in der Managerposition eingesetzt. Jeder angehende Boxer ist daher gut beraten, hier auch im Hinblick auf eine Stärkung seiner eigenen sowohl wirtschaftlichen als auch rechtlichen Interessen und auch was seine weitere Vermarktung und individuelle Betreuung angeht, von Anfang an auf eine voneinander möglichst unabhängige Besetzung dieser Positionen zu achten und im Zweifel sogar bei den Vertragsverhandlungen zu bestehen!

Immerhin gibt es auch in Deutschland ein gewisses Regelwerk, welches sich die entsprechenden Verbände selbst gegeben haben und welches bei dem Abhalten von Boxveranstaltungen grundsätzlich zu beachten ist. So sind auf dem Internetauftritt des BDB, dem „Bund Deutscher Berufsboxer" und damit ältestem deutschen Boxverband, unter anderem sogenannte „Sportliche Regeln" zu finden, welche ebenfalls die Rolle von Veranstalter und Manager sowie die Durchführung von Boxveranstaltungen zumindest in groben Zügen regeln bzw. hierzu zumindest Empfehlungen abgeben, welche zu konkreten Vorgaben werden, sofern die jeweilige Veranstaltungen vom BDB genehmigt werden soll und dieser an ihr beteiligt ist.

Der Boxer ist in jedem Fall gut beraten, sich vor Abschluss eines jeglichen Vertrages rechtlich beraten zu lassen. So sehen selbst gemeinhin übliche Standardmuster von Verträgen inhaltlich teilweise eine völlige Beschränkung des Boxers bezüglich einer alternativen Berufsübung neben dem Boxsport vor, sofern hierfür nicht zuvor die Genehmigung seines Managers eingeholt wurde. Oder aber es ist eine (unverhältnismäßig hohe) prozentuale Beteiligung seines Managements an dessen sämtlichen Einnahmen festgelegt, auch wenn diese mit dem Boxsport in keinerlei direkten Zusammenhang stehen.

Im Gegenzug wird zwar gemeinhin die Verpflichtung des Managements zur Bereitstellung eines förderlichen Trainings für den Boxer sowie die Organisation von Kämpfen vereinbart. Was aber konkret unter einem für den Boxer „förderlichen" Training zu verstehen ist und ob dieser Begriff in irgendeiner Form juristisch überprüfbar und dieses für den Boxer so einklagbar wäre, bleibt in der Regel diffus bzw. unklar. Auch bleibt hier meist ein für den Boxer unüberschaubarer Spielraum des Managers bzw. gleichzeitig Trainers offen in der Hinsicht, in welchem Umfang und in welcher Qualität dieses zu erfolgen hat sowie auch in welchem Umfang dieser für Boxkämpfe zu sorgen hat und welche Qualität die Auswahl der ausgesuchten Gegner haben muss. Zu diesen Themen scheint es keinerlei genaue Vorgaben oder Standards zu geben, außer der individuelle Vertrag wird einer konkreten rechtlichen Prüfung von Juristen oder Gerichten unterzogen.

Vertraut der Boxer daher guten Glaubens den Worten seines Managers und/oder Veranstalters oder sieht sich – entweder aus finanziellen Gründen oder in der (naiven) Hoffnung auf eine große Boxkarriere – mehr oder weniger gezwungen, einen derartigen Vertrag ohne Prüfung durch einen unabhängigen, allein von ihm beauftragten Juristen zu unterzeichnen, dürfte dessen Übervorteilung leider nach wie vor auch heute noch „auf der Hand liegen".

Die Inanspruchnahme einer eigenen rechtlichen Beratung sei daher für jeden individuellen Vertrag dringend empfohlen, auch wenn dies zunächst – wie es scheint – zusätzliches Geld kostet. Dieses ist im Hinblick auf die weitere berufliche Laufbahn oder Karriere im Boxsport möglicherweise sehr gut investiert und zahlt sich so in mehrfacher Hinsicht letztlich wieder aus!

Die Autoren:

Sebastian Tlatlik

ist zweifacher deutscher Meister im Profiboxen. Zuvor konnte Sebastian auf eine erfolgreiche Amateurkarriere zurückblicken. Er boxte sowohl in der Deutschen Nationalstaffel sowie auch mehrere Jahre in der 1. Bundesliga.

Beruflich ist Sebastian als Trainer im Profiboxen mit eigenem Boxgym („Boxing Industry") in Essen tätig und ist weithin bekannt als Personal- und Firmenfitnesstrainer.

Frank Rose

ist Amateur- und Profiboxtrainer und setzt sich seit Jahren für die Verbreitung des Boxens im populärem Bereich ein.

Als Heilpraktiker mit eigener Praxis in Düsseldorf versucht er außerdem seine Patienten zum Fitnessboxen zu motivieren und den Sport im therapeutischen Sinne zu etablieren.

Katja Wörmer

ist Rechtsanwältin in Essen/Düsseldorf und boxbegeistert, seit sie bei Sebastian trainiert. Aufgrund dessen hat sie immer wieder auch mit Rechtsfragen rund um den Boxsport zu tun.